上海立信会计金融学院
SHANGHAI LIXIN UNIVERSITY OF ACCOUNTING AND FINANCE
—— 1928-2018 ——

本系列图书由上海立信会计金融学院
学术出版专项资金资助

1928-2018

序伦财经文库

劳动者收入差距：来自中国的产业证据

吴万宗⊙著

立信会计出版社

图书在版编目(CIP)数据

劳动者收入差距:来自中国的产业证据/吴万宗著.
—上海:立信会计出版社,2018.6
(序伦财经文库)
ISBN 978-7-5429-5752-8

Ⅰ.①劳…　Ⅱ.①吴…　Ⅲ.①居民收入—收入差距—研究—中国　Ⅳ.①F126.2

中国版本图书馆 CIP 数据核字(2018)第 116476 号

策划编辑　窦瀚修
责任编辑　陈　旻
封面设计　南房间

劳动者收入差距:来自中国的产业证据

出版发行	立信会计出版社		
地　　址	上海市中山西路 2230 号	邮政编码	200235
电　　话	(021)64411389	传　　真	(021)64411325
网　　址	www.lixinaph.com	电子邮箱	lxaph@sh163.net
网上书店	www.shlx.net	电　　话	(021)64411071
经　　销	各地新华书店		
印　　刷	江苏凤凰数码印务有限公司		
开　　本	710 毫米×1000 毫米	1/16	
印　　张	13.5	插　　页	1
字　　数	178 千字		
版　　次	2018 年 6 月第 1 版		
印　　次	2018 年 6 月第 1 次		
书　　号	ISBN 978-7-5429-5752-8/F		
定　　价	49.00 元		

前言

习近平在中共十九大报告中指出,“经过长期努力,中国特色社会主义进入新时代。中国社会主要矛盾已经转化为人民日益增长的美好生活需要和不平衡不充分的发展之间的矛盾”。从“物质文化需要”到“美好生活”“落后的社会生产力”到“不平衡不充分的发展”,体现了党对实践形势与时俱进的判断,关注光圈变大了,问题对焦精准,更与老百姓的诉求吻合。而中国的发展不均衡不充分更多地体现在了产业发展的曲折方面,有关产业政策的争论成为时下学界的焦点。而在具体的产业内部,产业增长方式在朝创新驱动方向稳步转变,产业结构调整朝经济“服务化”方向迈进,中国作为后发国家,经历过产业结构严重失衡的重工业化时代,与之对应的则是人民对消费品工业的迫切需要。伴随改革开放后的三十多年经济发展,中国经济取得了“奇迹”般的增长,应该说生产力提高了,人民的消费结构也随之提升,人民开始追求更美好的生活,这就要求产业结构必须跟着改。以高端装备制造业为主的战略新兴产业正在崛起并走出国门,不断打入全球市场。这一系列产业发展所涉及的产业政策、产业结构调整、行业出口状态均指向同一个目标——促进经济发展、提升国民收入水平。

转型期的产业发展直接关系到劳动者的收入问题,关系到人民对美好生活需要的实现,产业兴旺劳动者收入才能提高。笔者发现2009年之后,中国劳动者的收入差距情况有所缓解,在2008年全球金融危机之前,中国的基尼系数却是一直处于高位。这说明,其中一定有什么原因调整了收入差距,是否是产业发展的新变化优化了收入分配。因此,在国际环境发生较大转变,中国进入了经济发展的新时代,笔者认为有必要系统地梳理产业发展与收入差距间的关系,这有助于决策者以及研究人员更为全面地把握收入分配状态,为下一步的扶贫开发工作提供政策启示,为打破人民生活的不均衡提供产业发展方面的启示。本书在总结国内外已有研究的基础上,采取定性与定量相结合的研究方法探索产业发展与劳动者收入差距间的关系。本书的研究有助于完善产业经济学与收入不平等间的关系,厘清产业发展是通过何种途径影响收入差距的,影响的大小又是多少?产业发展本身是一个十分宽泛的概念,它几乎涉及了产业从产生,到成长,继而进化整个过程的方方面面。因此,本书总结了产业发展过程中四个主要影响劳动者收入差距的因素,相关经验分析也为政府在产业政策、收入分配政策等问题上提供决策依据。本书总体结构如下:

首先,考虑产业政策与收入分配间的关系,其实质是在探讨发展一元论问题,到底是市场竞争还是政府政策导致了收入差距?本书试图调和这一根本对立的观点。通过加入了产业政策因素的异质性企业模型,从理论上将产业政策对企业的工资影响分解为补贴转移效应与竞争效应两种机制,并提出如下假说:企业将部分政策补助用于生产，此时支付的更多工资等同于财政的直接补贴；同时，企业工资水平也取决于企业的生产效率，产业政策通过促进或抑制行业竞争改变企业效率，从而对企业的工资水平产生一种间接影响，即竞争效应。通过1998—2007年中国工业规模以上企业数据对理论假说进行实证检验，可以发现："中国式"产业政策通过抑制企业效率带来的负向竞争效应超过了正向的补贴转移效应，最终造成企业工资水平的下降；然而，一旦产业政策的施行促进了行业竞争，竞争效应则为正，那么企业的工资水平也会随之提高。本部分的研究结论有助于理解经济改革过程中产业政策对企业工资的影响，丰富了企业工资的相关研究，并对推进企业工资体制改革具有启示意义。

其次，在产业结构升级的合理化和高级化两个维度展开，借鉴干春晖等(2011年)的度量方式刻画上述两个指标，并将之与劳动者收入差距联系在一起。对于全国以及各省基尼系数的测算，则借鉴万广华(2006年)的方法，通过城镇居民的可支配收入以及农村居民的纯收入分组情况估计收入分布函数，在此基础上生成全国及各省市区的劳动者微观收入数据，并以此测算基尼系数。通过上述两个较为科学的测算方法，考察了改革开放至今(1978—2015年)近40年的产业结构变迁与劳动者收入差距数据，发现产业结构合理化对收入分配具有积极的改善效果；而产业结构高级化对收入差距的影响并不清晰。从中国经济发展的不同阶段来看，以2008年金融危机为界，之前的产业结构高级化会扩大收入差距，而之后则有缩小收入差距的趋势。本部分研究的启示也较为清晰：政府在制定产业结构政策的时候，应该注重三次产业间的协调发展，同时密切关注产业结构高级化过程中有可能的收入分配恶化现象。

再次，基于 HIR(2010 年)理论模型的预测，利用中国综合社会调查数据(CGSS，2003—2013 年)，借鉴 Lemieux(2006 年)测算各行业内部的工资残差不平等(组内差距)，并匹配《中国工业经济统计年鉴》(2003—2013 年)中各行业的特征以及贸易数据，本书实证检验了中国工业出口强度与行业内部工资不平等的非单调关系。研究结果表明，在控制了工业特征变量之后，出口强度与工资不平等间存在显著的"倒 U 型"关系，即工资不平等首先随着出口强度的增加而上升，到达顶峰之后逐步回落，实证结果在多项扩展研究中表现稳健。进一步利用 DFL(1996 年)方法将不平等分解为价格效应和结构效应，研究发现价格效应是导致不平等变化的主要因素，所以出口主要是通过改变了劳动力技能回报的渠道影响了不平等。本部分的结论展示了中国工业出口行为与工业内收入不平等的关系，研究结论具有重要的政策启示：中国的深化改革离不开扩大开放，中国工业发展需要瞄准精加工、提升产品质量这一供给侧结构性改革目标，加强人力资本投入水平，以此提高劳动者技能水平，更加积极地参与全球市场竞争，从而达到提升出口强度、获取出口工资溢价，继而提高行业整体收入水平的目的；同时，也能够降低行业内的收入分化，刺激居民的消费需求，促进整体经济的良性发展。

上述三个方面启发继续研究人力资本投资与企业员工工资水平间的关系，因为劳动生产率的提升才是劳动力工资增加的长效保障。文章通过《中国工业企业数据库》中报告的企业在职培训费用表示企业人力资本投入变量，采用“实验组—控制组比较”的方法进行实证分析，主要发现：在控制了企业本身的绩效水平之后，选择做员工培训的企业在全要素生产率以及员工工资上都比不做员工培训的企业要高；本部分进一步探讨人力资本投入强度与员工收入的因果关系，在采用广义倾向得分匹配的方法有效控制内生性之后，发现人力资本的投入有助于提升企业员工工资水平，但并不是越多越好，这在不同地区、不同产业以及内外资企业中有所区别，需要因地制宜地选择最优投入水平。

最后，进行了总结，给出了研究结论以及相关的政策启示，包括转变产业政策施行方式；推动农业、工业以及服务业协调发展；深化改革、扩大开放、加快贸易自由化进程；加大对教育和人力资本的投资；同时，提出了存在的不足和未来的研究展望等。当然，受限于作者学识，书中错误难免，还望广大专家和读者不吝赐教。

作　者

2018年5月

目　　录

1 绪　论

1.1 引言

本书的选题是基于以下两个背景：即我国基尼系数一直以来处于较高水平，劳动者收入差距[①]过大；而经济进入"新常态"以来，收入差距出现了有所缓解的状态。这些现象的出现，需要科学研究进行剖析。综观中国经济改革的历程，始终不变的目的是提高人民生活水平，不断满足人民变化着的需要；而产业的发展可以说与之息息相关，因为劳动者的收入绝大部分来源于产业。因此，近年来由垄断造成的各行业间的收入差距过大已经引发了学界的关注。例如，涉及严格进入管制的金融业，具有自然垄断性质的石油、天然气、电力、通信等行业，这些行业的垄断市场势力无疑给他们带来了高额的回报，也是导致我们总体收入扩大的重要原因。没有对产业发展中垄断特征进行量化，就难以确定中国正在进行的市场化改革是否能够自动缩小行业间的收入不平等(陈钊、万广华和陆铭，2010 年)。是什么原因导致了收入差距不断扩大，对于改革历程中出现收入差距的原因的探讨也一直是众多学者所关注的焦点。令人欣慰的是，已有很多优秀的研究直接探讨了产业发展中的垄断因素对于行业间收入差距的影响，包括这一垄断特征对行业间收入差距影响的大小，这一大小对总的收入差距的贡

① 本书所提的收入差异、收入不均等、收入不平等都视同收入差距概念。

献，以及这一贡献的变化趋势，等等。但是对于产业政策以及行业内部特征所引发的收入差距问题的探讨却过少。因此，本书希望继续研究其中可能的产业方面原因。本质上来说，本书是对发展一元论在产业发展层面的探讨，到底是市场竞争导致了这一巨大差距的出现，还是说政府的一些政策引起的。本书通过讨论产业发展历程中的我国劳动者收入分配问题，具体的聚焦产业政策、产业结构变迁、行业出口强度以及行业人力资本投资这四个方面，来回答上述疑问。

1.1.1 劳动者收入差距过大

2017年中国国内生产总值827 122亿元(人民币)①，按不变价格计算，比上年增长6.9%。其中，第一产业增加值65 468亿元，增长3.9%；第二产业增加值334 623亿元，增长6.1%；第三产业增加值427 032亿元，增长8.0%。工业与服务业增长态势良好，供给侧结构性调整初见成效，产业结构向中高端迈进。而居民人均可支配收入25 974元，比上年名义增长9.0%，扣除价格因素实际增长7.3%。按常住地分，城镇居民人均可支配收入36 396元，比上年增长8.3%；农村居民人均可支配收入13 432元，比上年增长8.6%，农村增长速度连续多年超越城市，城乡间收入差距扩大速度有所缓解。从上述数据中可以看到，中国经济总量继续保持中高速增长，城乡居民收入持续增加。改革开放以来，社会主义市场经济体制给中国注入了前所未有的机制活力，勤劳的中国人民创造了世界经济增长史上的又一个“奇迹”，居民收入水平也随之得到了极大的改善，生活质量不断提高，社会主义各项事业都在“摸着石头”中渐进式发展。但是，收入分配问题作为一个古老而又永恒的话题却一直伴随中国经济总量的快速增长而存在。中国的经济改革本质上是打破过去“平均分配”“绝对公平”的藩篱，让更多人获得改革的红利，可是现实却并非如此美好，中国仍有相

① 数据来源于国家统计局发布的《2017年国民经济和社会发展统计公报》。

当一部分人处于贫困线以下:按照 2010 年价格计算,农民年人均纯收入 2 300 元为扶贫标准,截至 2015 年,农村贫困人口仍然有 5 575 万人①;而改革开放后反映整体收入分配结果的基尼系数②(Gini coefficient)也是增速惊人(见图 1-1),中国居民收入分化形势严峻。

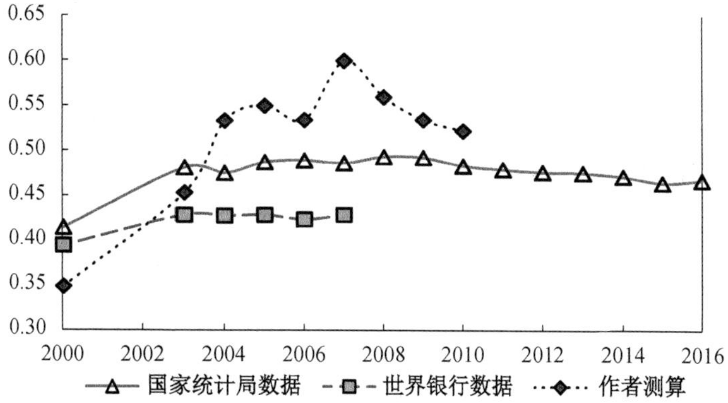

图 1-1　2000—2016 年中国居民收入基尼系数演变

注:国家统计局数据与世界银行数据分别源自其官方网站;作者测算数据源自《中国综合社会调查》(Chinese general social surey, CGSS)《中国家庭追踪调查》(China family pand studies, CFPS)《中国居民收入调查》(China household lncome Project, CHIP),利用 stata10 中 ineqdeco 命令计算所得。

从国家统计局公布的基尼系数来看,基本上从 2003 年开始维持在了一个较高的水平上,均值达到了 0.476;令人惊奇的是,世界银行最近五个年度的调查结果却均低于中国统计局公布的数据;而笔者通过搜集近十年中国家庭微观调查数据(CGSS、CFPS、CHIP)的计算结果则明显高于前两者,但是略低于其他学者的测算③(甘犁、李实、谢宇等学者)。尽管从图 1-1 可以发现,自 2009 年以来,中国的贫富差距没有

① 数据来源于中国社会科学院和国务院扶贫办联合发布的《中国扶贫开发报告 2016》(扶贫蓝皮书)。

② 基尼系数是 20 世纪初意大利经济学家基尼,根据洛伦茨曲线所定义的判断收入分配公平程度的指标,是国际上用来衡量居民收入差距的常用指标。基尼系数在 0 和 1 之间,数值越接近于 1,代表收入差距越大。

③ 谢宇,等. 中国民生发展报告(2013)[M]. 北京:北京大学出版社.

增加的趋势，相反还有很小的下降，但不可否认的事实是，中国的不平等程度正变得日益严重，远远超过了其他国家具有相当发达程度时的平均数。这不仅不利于国内消费的扩大，波及实体经济不振，影响到经济的健康发展，也有可能因贫富差距问题长期积累最终引发更为严重的社会问题。表 1-1 显示，2013 年《中国家庭追踪调查》对居民最关心的社会问题进行抽样调查，前三位中有两个和收入相关，其中贫富差距排名第一，而和收入有关的就业问题也排在第三。这一调查在 2015 年追踪了同样的群体，他们对这些社会问题的关注发生了变动，但仅是前四位发生了位次的改变，贫富差距与就业问题依然处于第二与第四，可见收入分配问题是近年来老百姓较为关注的问题，政府和研究人员需要破解这一社会问题，从而减轻由这一问题积压而导致的矛盾激化。

表 1-1　中国居民对社会焦点问题的严重程度关注排名

排名	2013		2015	
	社会问题	关注度得分	社会问题	关注度得分
1	贫富差距	6.71	政府廉政	7.22
2	政府廉政	5.95	贫富差距	7.18
3	就业问题	5.87	环境问题	6.88
4	环境问题	5.77	就业问题	6.58
5	医疗问题	5.59	医疗问题	6.27
6	住房问题	5.57	住房问题	6.25
7	教育问题	5.42	教育问题	6.18
8	社会保障	5.36	社会保障	6.00

注：数据源于《中国家庭追踪调查》(CFPS)(2013 年，2015 年)问卷调查；得分值介于[0,10]，得分越大，关注度越高。

学界对这一严重的社会问题保有持续的研究，已经有很多的学者在探索收入不均等背后可能的传导机制，具体归纳如下：第一，政治经济政策(林毅夫和刘培林，2003 年；尹恒、龚六堂和邹恒甫，2005 年；郝大海和李路路，2006 年；陈斌开，2009 年)；第二，分配制度改革(高志仁，2008 年；黄泰岩，2009 年；尚晓晔，2015 年)；第三，城乡差异(蔡防，2003 年；陆铭和陈钊，2004 年；邢春冰，2008 年)；第四，行业差异(张车伟和薛欣欣，2008 年；陈钊、万广华和陆铭，2010 年；王天夫和崔晓雄，2010 年；岳希明、李实和史泰丽，2010 年；岳希明和蔡萌，2015 年)；第五，经济全球化(万广华、陆铭和陈钊，2005 年；姜凌和左萌，2010 年)。可见，学界对收入分配问题关注较多，这一问题也时刻成为国家长治久安、百姓安居乐业的重要问题，是党和国家一直以来致力于解决的问题，这是社会主义本质以及人类发展的必然要求，是政府、老百姓以及相关研究人员共同关注的话题。解决好这一问题，才能缓解中国当前的主要矛盾。

1.1.2 中国产业发展进入"新常态"

习近平第一次提及"新常态"是在 2014 年 5 月考察河南的行程中。当时，他说：中国发展仍处于重要战略机遇期，我们要增强信心，从当前中国经济发展的阶段性特征出发，适应新常态，保持战略上的平常心态。经济新常态不是总量经济，而是着眼于经济结构的调整以及可持续发展的状态。2014 年中央经济工作会议公报罗列出了新常态的九大特征，其中大多数和产业发展有关，因此，伴随着经济发展进入"新常态"，中国的产业发展也进入了"新常态"。

而近年来①，众多的学者开始关注劳动力微观个体层面是如何影响收入差距的，即使是条件相同的人，可能也有巨大的收入差距。人们开始思考，这种社会分化可能是由产业本身的结构性因素造成的，包括行业间(between group)的收入差距，行业内(within group)的收入差距一时成为众多研究的热点。从图 1-2 可以简要看出，在剔除了个

① 随着各种微观调查数据的丰富，使得研究者可以更加细致的考察个体异质性对其劳动回报的影响。

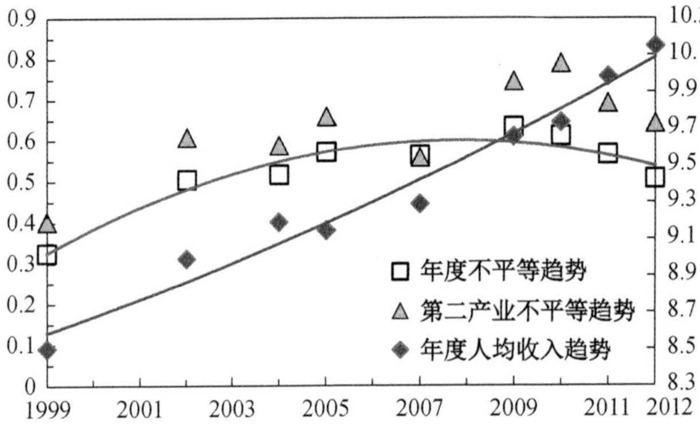

图 1-2　1999—2012 年中国工资残差不平等趋势

注：(1) 图中不平等指标是用工资对一系列控制变量做回归后得到工资的残差值，再计算并得到各年份或者行业组内残差不平等；

(2) 左纵轴数据为不平等刻度，右纵轴为人均收入刻度。

资料来源：《中国综合社会调查》《中国家庭追踪调查》《中国居民收入调查》。

人特征对收入影响的因素之后，受对外贸易影响较大的第二产业的收入不平等波动较大：当 2001、2002 年中国加入 WTO 前后，不平等有所提高；而在 2007、2008 年，全球性的金融危机开始爆发，不平等开始下降。那么，贸易环境的变化是否导致了国内收入分布的波动，过去产业发展是如何影响着收入不平等，背后有什么规律性的东西，当产业发展进入“新常态”了，各行业必然会有一些新技术、新产品、新业态、新商业模式的出现，产业结构也随之调整，这又会给收入差距带来哪些变化；人口老龄化日趋严重，农业富余人口减少，要素规模驱动力减弱，经济增长将更多依靠人力资本质量和技术进步，等等。这些行业特征的改变又会对收入不平等有何影响，因此，在产业发展进入“新常态”背景下，适时总结我国产业发展进程对于收入不平等的影响机制，有助于科学认识中国收入不平等现状；以及面对新的产业发展形势，政府应该如何制定产业发展战略，从而调控收入分配，缩小劳动者收入差距，这些都是值得探讨的问题。

1.2 研究的目的与意义

1.2.1 研究的目的

本书研究的目的在于分析中国产业发展对劳动者收入不平等的影响，微观层面考虑企业的决策行为，如人力资本投入；中观层面考虑行业特征，如行业的出口强度；在宏观层面考虑产业政策以及三次产业的发展与变迁对收入不平等的影响。本书尝试对以下几个问题给予回答：第一，产业政策对收入差距的贡献；第二，产业结构变迁对收入差距的影响；第三，行业的出口强度与收入不平等之间的关系；第四，产业发展与人力资本积累对收入的影响；第五，本书的研究还会结合上述问题的分析，给出合适的产业发展政策，以期改善收入分配方案、缩小贫富差距。

1.2.2 研究的意义

1.2.2.1 理论意义

本书的研究从产业发展这一视角对我国收入差距进行系统、详细地分析，并利用微观数据加以实证检验，对科学认识产业发展与收入不平等关系提供了理论依据，构建了产业经济学与收入分配理论之间的联系，完善了我国理论界在此方面的不足。

1.2.2.2 实践意义

当前经济发展进入"新常态"，产业发展方式转变和收入分配是当前政策制定者关注的焦点和重点问题。因此，厘清产业发展与收入差距间的关系具有重要的实践意义。首先，合理的产业发展策略是供给侧面的改革，有助于调节收入分配，提高人民收入水平；其次，合理调整收入分配有利于增加内需，从而有效地刺激供给，加快转变经济发展方式，提升产品质量，促进产业合理化发展，有助于进一步提升人民生活水平和增进社会福利。如何积极应对产业发展可能带来的收入分配负面效应，从而使产业朝着有利于经济社会平稳方向发展是本书的研究着力解决的问题之一。本书的研究尝试从理论和实证分析角度为政府和政策制定者找出可行的解决方案。此外，从产业发展的视角制定矫正收入不平等、增进收入平等化的产业发展战略，具有更为重要的现实指导意义。通过研究行业出口与收入差距的关系，可以为国家相关对外政策以及具体的产业政策的制定和实施提供参考建议，有助于完善开放条件下我国的收入分配政策。

1.3 相关概念界定

在对产业发展和收入差距的关系进行研究之前，首先有必要说明本书对收入差距的定义，明确本书的研究对象。收入差距本身就是一个概念广泛且复杂的社会现象，随着社会经济的发展，劳动者收入的来源渠道更宽，这也为收入差距的界定提供了新的课题；同时，收入差距作为经济学的研究内容也有其多面性，随着经济学研究方法的丰富，对收入差距的度量也日益完善与丰富。因此，本书首先对收入差距这一概念进行界定，这并非仅为了精准的测度中国的收入差距程度，或者明确指出哪些群体收入低下，而是因为从方法论以及研究脉络上来说，厘清收入差距不同层次的概念，有助于我们从不同角度看待这一问题，以及提供不同的策略去化解收入差距问题。

1.3.1 劳动者收入

费雪(Fisher)对收入的定义为，收入就是财产(资产、资源)或者人本身的能力，源源不断地提供的服务。费雪对收入的定义更加强调收入的享受功能。一般而言，收入是指劳动者从各种来源所取得的现期收入的总和。按照收入的来源，收入又可分为工资性收入、转移性收入、经营性收入和财产性收入,具体的定义如下[①]。

1.3.1.1 工资性收入

工资性收入是由劳动者通过劳动从工作单位获取的劳动报酬。根据《关于工资总额组成的规定》(1989 年 9 月 30 日国务院批准,1990 年 1 月 1 日国家统计局令第 1 号发布),工资总额由下列六个部分组成:计时工资、计件工资、奖金、津贴和补贴、加班加点工资、特殊情况下支付的工资。

1.3.1.2 转移性收入

转移性收入是指国家、单位、社会团体对居民家庭的各种转移支付和居民家庭间的收入转移。其包括政府对个人转移的离退休金、失业救济金、赔偿等;单位对个人转移的辞退金、保险索赔、住房公积金等;家庭间的赠送和赡养等。

1.3.1.3 经营性收入

经营性收入是指纳税人通过经常性的生产经营活动而取得的收益,即居民在销售货物、提供劳务以及让渡资产使用权等日常活动中所产生的收入,通常表现为现金流入、其他资产的增加或负债的减少。

1.3.1.4 财产性收入

财产性收入是指通过资本、技术和管理等要素参与社会生产和生活活动所产生的收入。

需要指出的是,尽管劳动者收入有上述众多收入来源存在,但是本书在探讨劳动者收入时,受限于数据的获得,并没有按照上述某一标准对全书进行统一,而是根据产业发展中的具体问题选择了具体的收入来源。例如,本书在第三章、第五章、第六章探讨产业政策、行业出口状况以及在职培训对职工工资影响时,运用《中国工业统计年鉴》以及《中国综合社会调查》报告的指标,这里的收入指工资性收入,反映产业工人通过劳动从工作单位获得的劳动报酬;而第四章则选用了《中

---

① http://hebei.hebnews.cn/2010-08/02/content_355997.htm.

国统计年鉴》中的城镇居民人均可支配收入以及农村居民的人均纯收入计算基尼系数。其中,城镇居民的可支配收入为工资收入、转移收入、经营收入和财产收入的总和,再从中扣除向政府缴纳的各种直接税以及个人需交纳的社会保障费等各种费用以后的余额部分,个人可以随意支配;农村居民人均纯收入是指农村居民家庭全年总收入中,扣除从事生产和非生产经营费用支出、缴纳税款和上缴承包集体任务金额以后剩余的,可直接用于进行生产性、非生产性建设投资、生活消费和积蓄的那一部分收入,也包括工资性收入、经营性收入、财产性收入和转移性收入。

1.3.2 收入差距

提到收入差距,人们往往想到收入不平等,意指不同个体间、群体间有收入高低的差别,或者群组内部各部分因占有收入比重的不同而产生的差距。需要指出的是,本文所说的收入差距与收入不平等、不均等、贫富不均、收入差异等词汇为同一概念;但是,与收入不公平不是一个概念。前者是一个中性词,对它的使用让我们保持了一个客观的中立态度;而提到后者,对大多数人来说或多或少带有厌恶的感情色彩。正如诺贝尔经济学奖获得者(阿马蒂亚·森)Amartya Sen在其著作《论经济不平等》的序言里所说"不平等思想既非常简单又非常复杂。一方面,它是所有思想中最简单的一个,与其他思想相比,它更容易使人们获得一个不假思索的直观印象。另一方面,它又是一个相当复杂的概念,以致对该概念任何一种阐述都是极有争议的。因此'不平等'成为众多哲学家、统计学家、政治理论家、社会学家以及经济学家的研究主题"。可见,收入不平等,或者说收入差距既简单又复杂且极具争议,但研究者们还是尽量地使用一些技术概念以及一些数学运算,试图量化收入差距,从而更直观地理解这一概念。

本书梳理了前人的研究,大致将收入差距分为绝对差距和相对差距来阐述。所谓绝对差距是指某变量偏离参照值的绝对额,最简单的情形就是，两个人比较收入大小，其中一个是另一个的参照值，因为是绝对值间的比较，所以绝对指标的特征在于有量纲。也就是说，绝对差距的大小与度量单位有关，比较常见的有收入差、极差、平均差和方差。而相对差距是指某变量偏离参照值的相对额，比较常见的相对差距有洛伦茨曲线、基尼系数、广义熵（Generalized Entropy，GE，又称泰尔指数）指数以及变异系数等。下面给出这些指标的具体计算方法。

1.3.2.1 绝对差距

1.3.2.1.1 收入差

收入差（R）是按照样本收入指标从小到大排列，取最大值与最小值的差。其可以表明收入变动范围与幅度。假设在 N 个个体之间进行收入分配，$i=1, 2, \cdots, N$，令 Y_i 为个体 i 的收入，收入差的计算公式如下：

$$R = \text{Max}(Y_i) - \text{Min}(Y_i) \tag{1-1}$$

1.3.2.1.2 极差

极差（L）可以定义为收入差与平均收入的比值。设收入的平均值为 μ，那么：

$$\mu = \frac{\sum_{i=1}^{n} Y_i}{N} \tag{1-2}$$

由此，我们可以给出 L 的表达式：

$$L = \frac{\text{Max}(Y_i) - \text{Min}(Y_i)}{\mu} = \frac{R}{\mu} \tag{1-3}$$

通过式（1-3）可以看出，如果 $L=0$，那么说明收入分配是绝对平等的，最高收入与最低收入是一样的；而当 $L=N$ 代表另一个极端，即一个人占据所有的收入。可见，用极差衡量收入分配状况有一个缺陷，即当 L 处于 $0 \sim N$ 时，忽视了那些处于收入两个极值中间的所有分配信息。

1.3.2.1.3　平均差

平均差(M)即离差的算术均值，不是简单地将样本的两个极值进行比较，而是将每个人的收入与均值做差，再将全部差值的绝对值加总取均值，具体的表达式如下：

$$M = \frac{\sum_{i=1}^{N} |Y_i - \mu|}{N} \tag{1-4}$$

1.3.2.1.4　方差

方差(D)是统计分析中较为常见的指标，它是反映样本值与其均值间离散程度的统计量。方差是取离差的平方再相加，计算公式如下：

$$D = \frac{\sum_{i=1}^{N} (Y_i - \mu)^2}{N} \tag{1-5}$$

虽然方差是统计中应用较为广泛的指标，但是作为一种绝对差距指标，它存在量纲，这一缺点给收入差距的度量带来的不利在于，一旦改变收入的单位，虽然收入分配没有任何变化，但是方差给出的不平等却会变化。例如，将一组给定的收入用分而不是元来表示时，其方差就会增加 10 000 倍。可见，对收入差距的度量还要相对指标来弥补绝对指标的缺陷。

1.3.2.2　相对差距

1.3.2.2.1　洛伦茨曲线

洛伦茨曲线(Lorenz Curve)最早是由 Lorenz 在 1905 年提出的，他的基本思想是利用人口比例和与之对应的收入比例相比较，绘制一张图。首先，将这两个比例按照收入水平从最低收入到最高收入排序，再分别计算他们的累加值；其次，在直角坐标系中描出散点图。水平轴为人口百分比的累加值，垂直轴为人口所占有收入的累加值，这两个累加值均在 0～1，用平滑的曲线将这些累加值点连接起来就是洛伦茨曲线。如果每个人的收入相等，这时候收入分配是一个绝对平均的状况，而洛伦茨曲线就是一条通过原点斜率为45度的直线，这条线又称绝对公平线。显然，现实中没有这样完全的平等，于是洛伦茨曲线总是处于绝对公平线以下，越偏向右下方收入分配状况越糟糕。图1-3中，曲线 l 即为具体的洛伦茨曲线。

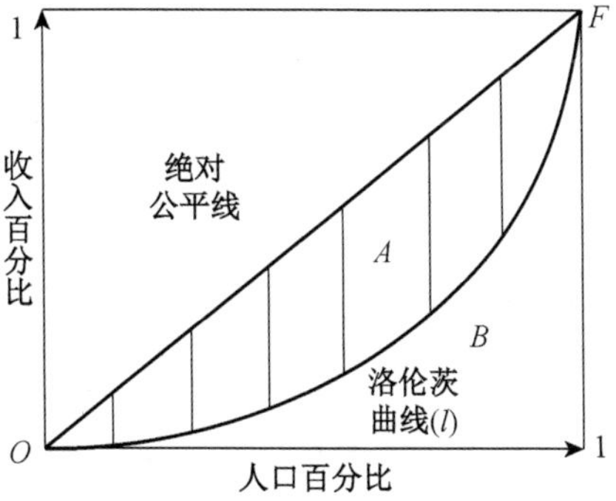

图 1-3 洛伦茨曲线

借助洛伦茨曲线对不均等进行分析可能是最佳的选择，它带有经济学意义，且更直观形象地反映了收入差距。但是，它的缺点也同样鲜明，没有一个具体的数值来度量不均等指标。

1.3.2.2.2 基尼系数

基尼系数(G)又称为洛伦茨系数，它是在洛伦茨曲线的基础上得到的，其克服了洛伦茨曲线不能给出确切数值的缺点，也是衡量不均等最常用的指标之一。具体来说，在图1-3中，基尼系数的值等于洛伦茨曲线 l 与绝对公平线 OF 之间的面积（A部分）除以绝对公平线 OF 以下部分的面积（A+B部分）。因此，基尼系数的表达式为：

$$G=\frac{A}{A+B} \tag{1-6}$$

1.3.2.2.3 广义熵指数

广义熵指数近些年也经常出现在国内的收入分配研究中。假设用 f_i 代表人口比例，广义熵指数的表达式为：

$$GE = \frac{1}{a(1-a)}\sum_i f_i\left[1-\left(\frac{Y_i}{\mu}\right)^a\right] \tag{1-7}$$

式(1-7)中：a 为一常数，代表人们对收入不平等的厌恶程度，该值越小代表厌恶程度越高。当 $a=0$ 时，我们得到所谓的平均对数离差，又称泰尔-L 指数(T_0)：

$$T_0 = \sum_i f_i \ln\frac{\mu}{Y_i} \tag{1-8}$$

当 $a=1$ 时，得到泰尔指数，又称泰尔-T 指数(T_1)：

$$T_1 = \sum_i f_i \frac{Y_i}{\mu}\ln\frac{Y_i}{\mu} \tag{1-9}$$

1.3.2.2.4　变异系数

变异系数(CV)也经常作为衡量收入分配的指标，它是根据方差计算的相对指标，具体的公式如下：

$$CV = \frac{\sqrt{\frac{1}{N}\sum_{i=1}^{N}(Y_i-\mu)^2}}{\mu} \tag{1-10}$$

以上诸多公式给出了收入差距的绝对和相对度量，至于本书接下来的研究选择哪一个指标刻画收入不均等，还需要根据具体的研究问题以及数据，选择适合研究对象的指标进行分析。

1.4　研究的思路与方法

1.4.1　研究的思路

本书将按照图 1-4 所示的技术路线图开展研究，具体如下。

本书基于产业发展的视角，对个体收入差距或收入分布的演变进

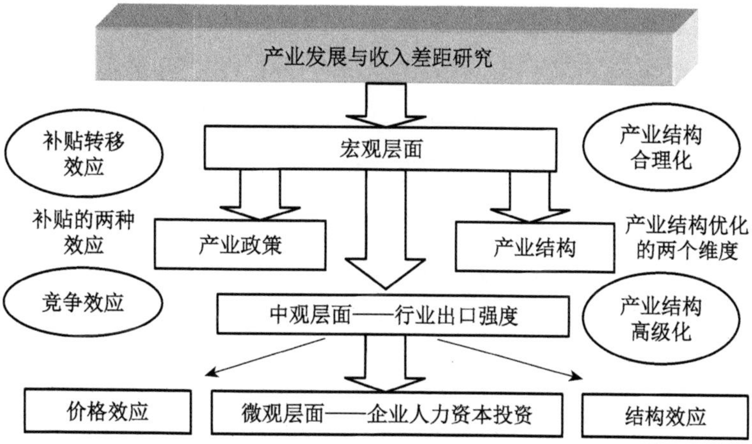

图 1-4　技术路线图

行详细的研究，研究内容主要关于收入不平等的影响因素，分别从产业政策、产业结构、行业出口、人力资本积累角度，探讨收入不平等这一主题，全书共分为七部分，基本内容安排如下：

第 1 章是文章的绪论部分，主要内容包括全书的研究背景和意义，然后对本书的研究方法及创新之处做了详细阐述。

第 2 章从产业政策、产业结构以及全球化视角回顾并梳理了产业发展与收入差距关系问题的国内外相关研究综述。

第 3 章研究产业政策对企业员工收入分布的影响机制。将补贴引入异质性企业模型，在给定企业生产率、企业规模、利润状况、人力资本等影响工资水平的特征之后，产业政策是否扭曲了高补贴企业的工资制定策略，进而扩大企业间工资水平差异。本章试图利用 1998—2007 年《中国工业企业数据》对上述理论进行实证检验。研究发现，补贴行为会给企业带来两种不同的效应，分别是补贴转移效应以及竞争效应，产业政策对收入差距究竟有何种影响是上述两种效应的加总。

第 4 章从产业结构变迁视角出发，利用 1978—2015 年《中国统计年鉴》以及各省市、自治区的统计年鉴，研究通过从产业结构合理化与高级化两个维度展开，实证分析了各地区产业结构演化进程的差异和不平衡性对收入不平等的影响。

第 5 章基于 HIR(2010)模型，首先在理论层面分析了行业出口强度与收入不平等间的非单调关系。继而将《中国综合社会调查》(2003—2013 年)微观数据与行业层面数据匹配起来对该关系进行实证检验。

第 6 章分析了企业的人力资本投资行为对其员工收入的影响，利用《中国工业企业数据》(2004—2007 年)，采用广义倾向得分匹配的方法研究它们的因果关系。

第 7 章是本书的结论和政策建议部分，对本书的研究进行总结，并根据本书的主要研究结论提出相关政策启示，最后是本书的不足以及未来的研究方向。

1.4.2 研究的方法

1.4.2.1 全要素生产率的测算方法

企业全要素生产率(Total Factor Productivity, TFP)是本书的一个重要控制变量。TFP 指标能够较为全面地反映企业的各种投入要素的平均产出水平，能够真实地体现个体企业的效率本质，其估算方法如下。

用 Y_{sit} 表示产业 s 中企业 i 第 t 年的工业增加值(value-added)；L_{sit} 表示劳动投入；K_{sit} 表示资本存量投入；μ_{sit} 是效率冲击。传统的 TFP 估计方法是利用普通最小二乘法(OLS)对 Cobb-Douglas 生产函数的对数形式进行回归，通过估计生产函数来计算企业的 TFP：

$$\ln Y_{sit} = \alpha_L \ln L_{sit} + \alpha_K \ln K_{sit} + \mu_{sit} \tag{1-11}$$

但是，在实际生产中，企业可以预先察觉自身的部分生产效率以及效率的变化，会根据效率信息和市场变化来改变自身的资本存量规模，审慎地安排要素投入，以期利润最大化。因此，资本存量是有内生性的，这种提前察觉的选择，就会使得传统的 OLS 估计结果产生偏误，即所谓的同时性偏差(simultaneity bias)。另外,分产业估计生产函数时,数据向我们展示的是那些在市场竞争中效率较高,存活下来的企业,资本规模越大的企业越不容易退出自身所处的产业。因此,用这些数据进行 OLS 回归,没有考虑企业的进入和退出问题,即所谓的样本选择性偏差(selection bias)。

于是,本书的估算方法基于 Olley 和 Pakes(简称 OP, 1996 年)①的半参数的方法估计两位数产业层面的生产函数,来同时解决上述两个偏误问题,与 Olley 和 Pakes(1996 年)不同的是,参照简泽等(2014 年)②的方法,借鉴 Levinsohn 和 Petrin(简称 LP, 2003 年)③将对数形式的实际中间投入作为企业预先知道但对计量学者来说却不可观测的效率冲击的代理变量,替换 OP 方法中的实际投资,以此来解决同时性偏差问题,这一替换的好处是可以减少因为投资数据缺失而产生的数据删除。同时,通过 OP 的方法计算企业退出概率来解决选择性偏差问题。

估计生产函数首先需要根据价格折现因子计算出企业真实的要素投入和产出。其中,产出变量选择的是企业的工业增加值(value-added),从而在估计生产函数时不需要再考虑中间要素投入,产出的价格平减指数直接采用 Brandt 等(2012 年)。要素投入主要考虑劳动和资本,劳动采用的是企业职工总人数。对于企业资本存量,本书采用永续盘存法进行估算,具体方法是:假设 1998 年为基期,企业在 1998 年的固定资产年末净值余额作为初始的资本存量;然后从 1998 年开始,保留连续 2 年均出现在数据中的企业,计算出企业固定资产原值的差值,并根据 Brandt 等(2012 年)给出的四位数产业代码投入品价格平

---

① Olley Steven and Ariel Pakes. The Dynamic of Productivity in the Telecommunications Equipment Industry[J]. *Eonometrica*, 1996,64(6).

② 简泽,张涛,伏玉林. 进口自由化、竞争与本土企业的全要素生产率——基于中国加入 WTO 的一个自然实验[J]. 经济研究,2014,8.

③ Levinsohn. J and A. Petrin. Estimating production functions using inputs to control for unobservables[J]. *Review of Economics Studies*, 2003,70(2).

减指数，将该差值折算到 1998 年，得到企业的实际投资额 I_{it}；然后，资本存量的折旧率 δ 取 10%①，利用下述公式估算出后一期的资本存量：

$$k_{it+1} = (1-\delta)k_{it} + I_{it} \tag{1-12}$$

再按四位数行业代码将企业（连续 2 年存在）分类，计算出行业层面加总的固定资产年末净值余额（$sum\_net\_fixed\_assets_{ct+1}$）和加总的资本存量（$sum\_k_{ct+1}$），然后得到四位数行业代码层面的固定资产折现率（$capital\_deflator$）如下：

$$capital\_deflator_{ct+1} = \frac{sum\_net\_fixed\_assets_{ct+1}}{sum\_k_{ct+1}} \tag{1-13}$$

利用该折现率将对应的四位数行业代码内非连续 2 年存在的企业的固定资产年末净值余额折算成以 1998 年为基期的资本存量值，从而完成了资本存量的估算。

1.4.2.2 基于收入分组数据生成人工样本的方法

研究收入差距和贫困通常需要运用家庭或者个人的微观收入数据，时下也有形式多样的全国抽样调查统计了这些数据，并在质量以及公开性方面有了很大的提升。例如，由北京大学中国社会科学调查中心（ISSS）实施的《中国家庭追踪调查》（2008—2014 年）；中国人民大学与香港科技大学联合组织的《中国综合社会调查》（2003—2015 年），等等。虽然这些微观调查为更精准、科学测量个体收入以及收入差距提供了方便，但是这些微观调查往往是最近几年开展的，时间跨度较短，一旦研究对象涉及长期趋势的话，微观调查数据并无办法覆盖到。而一个国家统计局对全国整体收入数据却有很长的连续性记录，收入往往被从低到高分成若干组别，以频率分布表（人口百分比及与其对应的收入组）或者区间组的形式发布（人口数及与其对应的收入区间）。有很多研究直接根据这一分组数据测算收入差距，但是“往往忽略了

① 我们同时选择了折旧率为 5%和 15%进行计算，对本书的结果并不会产生影响。

同一收入组内家庭或个人间的收入差别"(万广华,2013 年)。因此,经济统计学者们在另一个途径上试图借分组数据人工生成微观数据,并在此基础上测算各项不平等和贫困指数就相对更加科学可靠。本书第 4 章在研究中国产业结构变迁对收入差距影响时,需要探讨两者间关系的长期趋势,因此,借鉴基于收入分组数据生成微观数据的方法,具体的方法如下。

第一阶段假设原始分组数据被由低到高分成了 m 组,其形式为洛伦茨曲线上人口比例与其收入份额的点,以向量(P_k^*, I_k^*),来表示,其中:$k=1, \cdots, m$; P_k 即为累积人口比例;I_k 为 P_k 对应的累积收入比例。例如,最低收入的 10%劳动者得到 5%的收入份额,而最高收入的 5%群体得到 20%的收入份额,那么这两个点即为(0.1, 0.05)、(0.05, 0.2)。

然后利用这些点去估计假设的收入分布函数,而一旦收入分布函数被确定,那么我们就可以利用这一分布"产生"成百上千的微观数据。对于具体的分布函数形式,该方法并没有特殊要求,只需要保证生成的样本数据中没有负值即可。本书以对数正态分布函数为例来说明具体的操作过程。假设收入服从对数正态分布 F,那么对数收入的标准差 σ 具有如下性质:

$$\sigma = E[\Phi^{-1}(P_k) - \Phi^{-1}(I_k)],\ k = 1, \cdots, m-1 \tag{1-14}$$

式(1-14)中:Φ 是标准正态分布函数;E 是期望值的运算符。利用式(1-14)可以计算出 $m-1$ 个对 σ 的无偏估计值。为减小误差,可以取这 $m-1$ 个估计值的平均数来作为 σ 的最终估计值。这样我们就得到了有具体参数的正态分布函数,就可以产生任意容量的初始样本。例如,如果要产生 2 000 个收入样本,就可以划分百分比 0.025, 0.075, …, 99.975 这 2 000 个临界值,再取这些临界值的自然幂就构成了我们所需要的初始样本。进一步将这个初始样本标准化,即用最初样本与其均值之比算出新的样本,新的样本均值为 1。

第二阶段是对生成人工样本的初始样本进行调整，直到样本中各组的均值与“真实值”相符。为了达到最好的数据收敛效果，这一调整过程采取两个步骤处理。

接着上述例子，一旦从第一阶段获取了初始样本，再次将他们按照大小由低往高排列，并分成 m 组。其中：第 k 组包含 $m_k=2\ 000(P_k-P_{k-1})$ 个观测值。用 $x_{ki}(k=1,\cdots,m;\ i=1,\cdots,m_k)$ 表示 k 组里的第 i 个值。第 k 组的样本均值用 μ_k 表示，μ_k^* 为与之对应的第 k 组的真实均值。

第一步调整的结果使第 k 组的真实均值 μ_k^* 被包含在该组的样本组边界所界定的收入范围之内，具体操作如下：

$$\frac{\hat{x}_j-\mu_k^*}{\mu_{k+1}^*-\mu_k^*}=\frac{x_j-\mu_k}{\mu_{k+1}-\mu_k},\ k=1,\cdots,m-1;\ x_j\in[\mu_k,\mu_{k+1}) \tag{1-15}$$

或者：

$$\hat{x}_j=\mu_k^*+\frac{\mu_{k+1}^*-\mu_k^*}{\mu_{k+1}-\mu_k}(x_j-\mu_k) \tag{1-16}$$

以下规律调整了样本的底部和顶部数据：

$$\hat{x}_j=\frac{\mu_1^*}{\mu_1}x_j,\ x_j<\mu_1;\ \hat{x}_j=\frac{\mu_m^*}{\mu_m}x_j,x_j\geqslant\mu_k \tag{1-17}$$

在式(1-15)至式(1-17)中：x_j 为第一阶段人工生成的初始样本值；$\hat{x}_j$ 为调整后的样本值。经这一步调整后的样本值 $\hat{x}_j$ 满足以下条件：

$$\min_i\hat{x}_{ki}\leqslant\mu_k^*\leqslant\max_i\hat{x}_{ki},\ k=1,\cdots,m \tag{1-18}$$

这样，第一步的调整使得各收入组的真实均值落在了相对应的收入范围内。

第二步调整的做法是保持每组的边界不变，如果某个样本组的均值比对应的真实均值小（或者大），那么可以缩小该组样本值和其上边界（下边界）的差距，这样可以达到增大（或者减小）样本均值的目的。每组的下边界如下：

$$c_1 = 0;\ c_k = \frac{1}{2}(\max_i \hat{x}_{k-1,\,i} + \min_i \hat{x}_{ki}),\ k > 1 \tag{1-19}$$

经过第一步调整过的样本观测值 $\hat{x}_{ki}$ 按如下公式转换成最终样本 x^*_{ki}：

$$x^*_{ki} = c_{k+1} - \frac{c_{k+1} - \mu^*_k}{c_{k+1} - \hat{\mu}_k}(c_{k+1} - \hat{x}_{ki}),\ \mu^*_k > \hat{\mu}_k \text{ 且 } k < m \tag{1-20}$$

或者：

$$x^*_{ki} = c_k - \frac{\mu^*_k - c_k}{\hat{\mu}_k - c_k}(\hat{x}_{ki} - c_k),\ \mu^*_k < \hat{\mu}_k \text{ 或 } k = m \tag{1-21}$$

式(1-21)中：$\hat{\mu}_k$ 为经第一步调整后的样本组均值；而经过第二步调整后的样本，保持了与真实组平均值完全一致，生成了一个与原始分组数据完全吻合的微观数据样本。对于这一方法更为具体的运用、检验、效果评估，请参见 Shorrocks 和 Wan(2009 年)、万广华(2006 年)研究成果。

1.4.2.3 收入残差的分解方法

劳动者的收入来自其所从事的各行各业，而行业本身的特征会影响到他们的收入水平，从而导致不同劳动者间的收入差距，这一影响包括行业间收入差距以及行业内收入差距。行业间的收入差距研究已经有很多，包括行业垄断性等特征带来的因行业不同而收入的不同，本书第 5 章则主要研究行业内部的收入差距，换句话说，即使大家所处同样的行业，也会有不同的收入。Juhn，Murphy 和 Pierce(1993

年）在这一方向做出了开创性的研究，他们发现明瑟工资方程（Mincer，1974 年）在解释收入差异时，更多的是在强调个体异质性对收入的影响。但是，由个体特征导致的组间不平等（between-group inequality）只能够解释部分收入不平等，仍然有一部分的差距不能通过组间差距来解释，所以他们将收入不平等的测度引入组内不平等（within-group inequality），也称残差不平等（residual inequality），其从明瑟收入方程中分解出来的简单过程如下。

根据 Juhn，Murphy，Pierce（1993 年）和 Lemieux（2006 年）以及 Autor，Katz 和 Kearney（2008 年）研究成果，首先考虑利用最小二乘估计（OLS）对如下明瑟方程进行回归：

$$w_{it} = z'_{it}v_t + e_{it} \tag{1-22}$$

式（1-22）中：i 代表个体；t 代表时间；w 为收入；z_{it} 是个体 i 在 t 时的特征向量；v_t 是个体可观测特征的回报向量；e_{it} 是收入的残差。收入因此是个人特征（教育水平、年龄、经验、性别等）以及随机扰动项的函数，在回归中，个人特征对被解释变量的贡献由可决系数（R^2）反映，那些不能由个人特征解释的部分即为收入的残差。那么，式（1-22）就为收入不平等分解成可观测部分与残差部分（即组内部分）提供了基础。

然后，对式（1-22）左、右两边同时取方差①可得如下方程：

$$\text{var}(w_{it}) = \text{var}(z'_{it}\hat{v}_t) + \text{var}(\hat{e}_{it}) \tag{1-23}$$

式（1-23）中：带“^”字符表示通过式（1-22）拟合的值；那么 $\text{var}(\hat{e}_{it})$ 就是所谓的残差不平等。进一步地，也可以利用下式将个体收入分解成组内与组间部分：

$$T_t = \text{W}_t + B_t$$

$$T_t = \frac{1}{N_t}\sum_l \sum_{i\in l} (w_{it} - \bar{w}_t)^2$$

① 也可以用 90 分位与 10 分位之比、变异系数等来反映残差项的分布特征。

$$W_t = \frac{1}{N_t}\sum_l \sum_{i\in l} (w_{it} - \bar{w}_{lt})^2$$

$$B_t = \frac{1}{N_t}\sum_l N_{lt} (w_{lt} - \bar{w}_t)^2 \tag{1-24}$$

式(1-24)中:l 表示组别;N_t, N_{lt} 分别表示总人数和组内人数;带“—”字符表示相应的平均收入。

1.4.2.4 理论与实证相结合的方法

本书除了上述具体的研究方法之外,宏观上的研究方法分为理论模型分析和实证结果检验。在理论模型分析方面,基于 Melizt(2003 年)的异质性企业模型,推导出产业内的贸易以及产业政策是如何影响企业的工资决定机制,从而带来个体的收入差距。

在实证研究上,本书利用国内行业、企业以及个体微观数据,根据具体研究设计分别采用“实验组-控制组比较”、收入残差不平等分解、DiNardo, Fortin 和 Lemieux(DFL, 1996 年)等方法进行研究,并通过计量模型来实证分析收入差距的影响因素和作用机制。同时,通过一系列的稳健性检验和内生性问题处理来验证本书基本结论的科学性。

1.4.2.5 定性分析方法

本书的研究最后将基于量化分析给出定性结论,将产业发展对收入不平等影响方面的经验进行系统的归纳和总结,提出适合我国国情的对策建议。

1.5 研究的创新点

1.5.1 研究视角的创新

首先,国内学者对收入差距的研究非常丰富,但现有国内研究还大多集中于城乡差异,并没有从产业发展的视角系统地研究收入差距问题。其次,全球化作为现代产业发展的大趋势,对劳动力市场以及企业招聘机制有着广泛而深远的作用，从而影响员工的收入差距。但是，目前国内学界缺乏对贸易开放因素的细致研究。从这个角度看，本书的研究是一个新的尝试。最后，对收入不平等的大量研究主要集中在组间不平等上，反映到产业角度来看，即不同产业间的收入不平等。然而，近期学界兴起了针对具有相同个体特征劳动者间的收入不平等，亦即组内不平等的研究。目前国内学者对组内不平等的研究还十分有限。由于本书涉及的残差收入不平等是组内不平等的等价测度，因此，该研究也是对组内收入不平等问题的重要探索。

1.5.2　理论模型的创新

在产业政策影响企业间工资差异的研究中，本书通过扩展异质性模型，将产业政策变量纳入其中，得到了产业政策的直接转移效应和竞争效应。

1.5.3　实证方法的创新

首先，本书在对残差收入不平等的研究中，构造反事实的技术处理，在 DFL(1996 年)统一的计量分析框架内分解出了劳动者不可观测特征的价格效应和结构效应，继而分析它们对残差收入不平等的影响，探明我国劳动者残差收入不平等不断波动的内在原因。其次，在产业结构对不平等影响的研究中，本书采用了人工生成微观数据的方法(万广华，2013 年；万广华，2006 年)，估计出了省级层面的收入差距指标，在控制其他省级层面变量后，考察产业结构变迁与不平等间的因果关系。目前，这种估计方法在国内的经济学研究中还并不常见。

1.6　本章小结

本章是全书的提纲章节，首先介绍了本书的写作背景，即中国经济进入新时代以来，收入差距问题备受各方关注。一方面，反映收入差距的基尼系数仍然处于较高位置，人民群众迫切希望政府能够有所举措改善这一状况；另一方面，2008年金融危机之后，中国收入差距确实出现了下行的趋势，这一最新现象背后的可能机制又是什么？这要求学者从理论与实证层面给出解释。因此，结合以上两点，本章简要地介绍了全书的研究内容，并给出技术路线以及研究方法供读者参考。

2 国内外研究动态

2.1 引言

本章将对与本书研究相关的国内外文献进行梳理以进一步提出本书研究的问题,虽然从行业角度研究劳动者的收入差距仍然是一个较新的领域,但是仍然有部分研究领域与之接近,下面具体从三个方面介绍有关文献的研究现状与发展动态。首先,介绍有关产业政策与收入差距关系的文献,两者关系方面的研究并不多,但是分别围绕产业政策以及收入差距的研究却有很多,这为我们建立两者间的关系提供了参考;其次,介绍产业结构与收入差距的相关研究,指出这部分的大多文献对产业结构与收入差距的测度并不理想,本研究将给出更为科学的度量方法;最后,集中介绍经济全球化过程中的进出口状态对中国劳动力市场以及收入分配的影响,指出这些研究的局限性和本书在这一方面进行的完善与突破。

2.2 产业政策与收入差距

已有文献并无直接探讨产业政策是如何影响收入差距的,而本书希望探讨产业政策通过企业效率传导到员工工资水平上,也就是说,产业政策首先影响企业效率差异,企业效率差异再决定企业间的工资差异。而产业政策对企业的效率究竟有何种程度的作用,时至今日,学界仍有争议。新古典强调市场机制的自由运行，政府是不应过多地干预市场，而这成为产业政策失效时，人们攻击政府的有力武器。但是，市场也并非万能，有时候完全靠市场可能无法实现国家层面的战略意图。第二次世界大战后日韩经济腾飞的经验就表明，产业政策在保护幼小（新兴）产业及提升传统产业时起到过巨大贡献。虽然产业政策的初衷是为了“改善企业间资源配置效率，优化产业发展”（夏大慰和史东辉，1995 年），但基于各国产业演变的事实与经验研究均表明：产业政策并不总是有利于企业或者行业总体效率的提升（Harris 和 Robinson，2004 年；Kiyota 和 Okazaki，2010 年）。而在中国，产业政策在过去十年间扮演重要贡献的同时也出现了诸多负面的影响（价格扭曲、产能过剩、僵尸企业）。受限于数据的可得性，学界对产业政策的实证研究也更多地放在政府的研发或者补贴政策上。刘虹、肖美凤和唐清泉（2012 年）利用 2007—2009 年中国上市公司数据研究了 R&D 即研究与试验发展（Research and developrnent）补贴对企业 R&D 支出的激励与抑制两种效应，他们认为 R&D 补贴对 R&D 投入之间是一种激励在前抑制在后的“倒 U 型”关系，并认定直接的研发补贴为直接效应，经济活动事后的税收减免为间接效应，但是这一研究并未深入到研发的创新结果抑或企业效率的提升方面去；而肖兴志和王伊攀（2014 年）通过建立企业政府的模型，探讨了政府补贴对于企业创新的激励或者粉饰业绩的机制，虽然他们的研究以创新为结果，但仍然在用研发投入衡量创新结果；张杰、翟福昕和周晓艳（2015 年）将研究对象聚焦到了企业出口产品质量之上，他们发现政府的财政补贴对出口产品质量具有抑制效应，而市场竞争是促进效应，政府补贴对企业出口产品质量产生抑制效应的机理是：获得政府补贴（生产成本降低）—低价格竞争—低利润发展模式（对生产性政府补贴的依赖）—企业出口产品质量提升内生动力缺失。而竞争对企业出口产品质量造成促进效应的机理是：行业竞争—企业创新研发—企业出口产品质量内生动力的提升；毛其淋和许家云（2016 年）则利用 1998—2007 年《中国工业企业数据库》探讨了政府补贴对企业风险承担的影响，他们认为只有适度的补贴才能提高企业的风险承担水平，而高额度政府补贴反而会降低企业风险承担水平。

可以发现，上述文献中出现的违背政策初衷结果的原因大多在于过去的产业政策更多地干预了市场竞争，政府代替了市场并限制了市场竞争；而促进了市场竞争的政策看起来更有效率。因此，近期学者开始更多地考虑什么样的产业政策能够促进市场竞争，从而让企业在竞争中得到效率提升。江飞涛和李晓萍（2010 年）探讨了产业政策对竞争的作用，并提出中国产业政策的缺陷和改进方向，他们认为"中国式"的选择性产业政策具有强烈的行政干预性，管制了市场的竞争，从而造成市场价格的严重扭曲，是不可为继的。而"市场友好型"的功能性产业政策将政府摆在市场"守夜人"的位置，可以服务好市场竞争，从而保证企业的成长是竞争的结果；Aghion 等（2015 年）利用 1998—2007 年中国工业企业数据，实证分析了具有维持或者提升市场竞争程度的产业政策是如何影响企业效率的。黄先海、宋学印和诸竹君（2015 年）扩展了上述发现，并指出了中国产业政策的三种优化设计方向。虽然有关产业政策对企业效率的影响研究有很多，但是政府的产业政策目标不仅限于此，让更多的劳动者共享企业发展的成果才是政府更应该考虑的。产业政策会对企业的效率产生作用，而企业效率又和职工的最终收入有着密切联系，所以有必要将产业政策对企业效率的影响往前推进一步，即研究产业政策的施行会不会造成企业间的工资差距。这就将产业政策和收入差距问题联系在了一起，而收入差距问题是学界长期研究的热点话题，尤其是改革开放以来，随着中国分配政策的转变，市场机制逐步在资源配置中起决定性作用，作为初次分配结果之一的工资收入不平等问题也日益突出，如果不同企业间存在过高的工资差距，那么最终造成的就是不同群体间的收入不平等，也会进一步影响到国内有效需求的不足，内需的不足将严重阻碍供给侧结构性改革的步伐，因此，研究产业政策与工资差距的关系非常重要。已有很多文献在研究企业间的工资差距，比如，出口企业相对于非出口企业来说有工资溢价（金祥荣、刘振兴和于蔚，2012 年；马述忠和王笑笑，2015 年），Bernard 和 Jensen（1999 年）认为出口企业的生产率优势能获得更多利润，因而支付更高的工资。而垄断国有企业比非垄断部门企业的平均工资要高（陆正飞、王雄元和张鹏，2012 年；岳希明和蔡萌，2015 年），因此，这部分研究给出的结论也十分一致，为了缩小垄断企业与非垄断企业间的收入差距须破除行政垄断（崔友平，2015 年）。李实和王亚柯（2005 年）还曾探讨过中国东西部地区企业职工收入差距问题，除了东西部地区间存在收入差距之外，他们还发现区域间的劳动力流动性（由户籍制度等带来的市场分割）是东西部地区企业技能工人收入差距扩大的重要原因。这些对企业工资差距的研究显然忽略了产业政策因素，因此，本书的研究实际上也为企业工资差距影响因素分析提供了新的视角。

综上所述，虽然已有文献围绕产业政策问题以及企业间工资差距问题进行了大量研究，但是对于产业政策如何影响企业工资差距尚缺乏深入探讨。由企业效率差异导致的收入差距是市场机制作用的客观结果，而当这种效率差异来自产业政策的施行时，那么由于政府“有形之手”越界造成的效率变化就可能传导在企业间工资差距上。不同于既有文献主要从企业出口、全要素生产率、创新产出、企业风险承担等角度来评估政府补贴、研发政策的经济效果（邵敏和包群，2012 年；徐欣和唐清泉，2012 年；Aghion 等，2015 年；毛其淋和许家云，2016 年），本书在第 3 章首次从企业员工平均工资这一视角对政府补贴的经济效果进行了深入评估。

2.3 产业结构变迁与收入差距

国内外对产业结构与收入不平等的直接研究却并不多见，更多的是通过经济增长视角研究这一话题（Adelman 和 Morris，1973 年；林毅夫和刘明兴，2003 年）。Kuznets（1955 年）可能是最先利用各国发展统计数据研究经济增长与收入不平等间的关系，并发现了“倒 U 型”关系，可这一探索并没有深入研究一国产业结构在其中的作用；而国内对这一问题的研究更多的是围绕产业结构对城乡收入差距之上（高霞，2011 年；傅振邦和陈先勇，2012 年；程莉，2014 年），但城乡差距只占整个社会收入差距的一部分，还有城镇内部、农村内部的差距没有被涵盖。相反，产业结构的变迁却是整个国家经济体制变革活动的结果，并不简单地局限于城乡之间。另一个研究思路是通过工业化或者服务业单一产业发展这一路径考察收入分配状态的变化（Chevan 和 Stokes，2000 年；Steckel 和 Moehling，2001 年），这同样没有能对产业结构的全貌进行分析。另外，有些学者将城镇化引入收入不平等的分析框架内（万广华，2013 年；陆铭和陈钊，2004 年），虽然城市化是 21 世纪全球发展最重大的特征，其对收入不平等具有影响，毋庸置疑且意义重大。特别是当进城务工人员真正实现市民化的路径打通，能够有利于缩小城市内部的收入差距。但正如钱纳里和赛尔奎因（1975 年）所说，“城市化可能表现为因果链条上的各类事件的最后结果”（郭克莎，2002 年），可见以工业化发展为开端，农村剩余劳动力转移为结果的城镇化过程亦是由产业结构变迁推动的，因此，完善不平等研究还需要将产业结构变迁的因素纳入其中。

国内外学者围绕产业结构还进行了其他方面的研究，其中比较重要的是其与经济增长的关系，这对本书进一步全面地考察产业结构提供了很好的借鉴意义。理论研究表明产业结构变迁能够促进经济增长，其中主要原因在于主导产业以及技术的进步会促使要素由低生产率部门向高生产率部门流动，从而提升社会整体生产率水平，这一经济表现又被称之为“结构红利”（Peneder，2002 年）。刘伟和张辉（2008 年）以及干春晖和郑若谷（2009 年）利用中国数据验证了“结构红利”假说，产业结构对经济增长确实有积极影响，但是随着改革的推进，这一效应在逐步减弱。得出这些结论的原因，很可能在于以往研究过多关注的是跨地区跨部门的要素流动，这只衡量了产业结构变迁中的结构合理化，而产业结构升级，即高级化并没有被重点关注。而根据罗斯托(1962 年)的经典定义，产业结构的演进规律包括了经济增长对技术吸收和主导产业依次更替的过程，这重点强调的是产业结构高级化过程。杨公仆和夏大慰(2005 年)则将产业结构的优化总结为产业结构高级化和合理化两个方面。干春晖等(2011 年)则通过具体的数学表达式测算了产业结构合理化与高级化指标，并在此基础上构建计量模型，解释了其对经济增长的影响。他们发现产业结构合理化与经济增长间的关系稳定，而高级化则充满更多的不确定。

综上所述，对产业结构与不平等间关系的研究还存在诸多问题，其中不平等的度量受限于数据，更多地以城乡平均收入比衡量(程莉，2014 年)，这仅关注了不平等的一部分——城乡收入差距，而“城乡收入比虽然与整个收入分配状况相关，可以用来表示后者的趋势，但它毕竟不是收入分配指数本身”(万广华，2013 年)；另外，对产业结构也存在过多的定义，用某一产业占国民生产总值之比表示整个产业结构并不科学；最为重要的是，很少有研究考虑产业结构与不平等间的双向影响关系，居民收入的不平等很有可能通过消费结构影响产业结构(罗军，2008 年；殷凤，2013 年)。因此，本书基于以往的研究，力图弥补上述缺陷，从下述三个方面进行改进：第一，在对收入不平等指标的计算上，采用 Shorrocks 和 Wan(2009 年)创建的一种将分组数据“还原”为原始观察值的方法，这一做法的好处是可以得到研究空间内居民的微观个体收入，通过这一数据集测算的不平等指标更科学准确；第二，我们根据干春晖等(2011 年)的方法将产业结构变迁分为合理化与高级化，并用他们提出的方法度量上述两个变量；第三，我们在回归时加入了不平等指标的滞后项，以此控制双向因果带来的偏误。

2.4 全球化贸易与收入差距

伴随全球经济一体化进程的加快,任何国家任何产业的发展都离不开全球市场。本书主要关注工业出口强度与收入差距的关系问题,因此,全球化是绕不开的话题。关于全球化是如何起作用的,学界的争论非常活跃,无论从理论上还是实证分析上,经常出现相左的观点。传统的赫克歇尔-俄林模型(Heckscher-Ohlin Model)给贸易和工资差距研究提供了理论基础。该理论认为在两国贸易模型中,不同的商品需要不同的生产要素配置,每个国家只生产具有相对要素禀赋优势的商品。那么,拥有大量低技能劳动力的国家将专业生产劳动密集型商品;相反,拥有更多高技能劳动力的国家专业生产技术密集型产品。斯托尔珀-萨缪尔森定理(The Stolper-Samuelson Theorem)进一步指出,发展中国家出口劳动密集型商品将致使该商品国内价格上升,进而提升低技能劳动力的回报率。相反,则会降低国内高技能劳动力的回报。因此,国际贸易能够缩小一国低技能与高技能劳动力之间的工资差距,同时降低了发展中国家的收入不平等(Dan,1993 年;Wade,2001 年)。Wei 和 Wu(2001 年)利用 1988—1993 年 100 多个城市数据研究发现,对外开放会显著地减少而不是增加城乡差异。另外,张茵和万广华(2006 年)将贸易与城市贫困人口的收入份额结合起来,发现两者正相关,对外开放提升了收入底层部分的人口收入,改善了城市内部的收入差距。

然而与上述观点形成鲜明分歧的是,在过去的 20 年里,许多发展中国家的不平等并没有因为全球化而得到改善,相反其高技能劳动力与低技能劳动力的工资差距不仅没有缩小反而在拉大。Goldberg 和 Pavenik(2007 年) 综述了有关贸易开放对发展中国家收入分配影响的研究,发现很多经验研究并不支持 Heckscher-Ohlin 理论,但是他们遗漏了两个重要的发展中国家——中国和印度。Stiglitz(1998 年),

Hurrell 和 Woods(2000 年)认为,全球化是导致收入差距扩大的重要原因。一方面,贸易会扩大相应行业的教育回报率差异;另一方面,贸易会导致特定区域的人群被进一步分割。例如,农村及偏远山区由于道路交通等基础设施的落后而被边缘化,从而在市场发育、产业发展等方面严重落后,导致当地工人收入远低于贸易繁荣地区。这些观点在中国以及对外开放后收入不平等显著扩大的发展中国家得到了经验支持(Birdsall, 1999 年;Mazur, 2000 年)。赵莹(2003 年)采用中国 1978—1998 年的时间序列数据,证实了对外贸易、外商直接投资(FDI)的大量进入均会扩大收入差距;Chen、Lu 和 Wan(2004 年)利用夏普里值(Shapely)分解方法得到的研究发现与其一致。Perry 和 O' larreaga (2006 年)发现 17 个拉美国家在 20 世纪八九十年代,贸易的动态效应加速了行业的技能偏向型技术进步(Skill-Biased Technological change, SBTC),进而导致行业对技术工人的需求,最终扩大了收入不平等。万广华等(2007 年)利用分解夏普里值方法发现全球化是影响区域间收入不平等的重要因素且其贡献率呈上升趋势。Han 等(2011 年)使用中国城市家庭调查数据(1988—2008 年)分析了全球化对工资收入不平等的影响,研究指出全球化与中国城镇居民工资性收入差距的扩大显著相关,全球化通过提高教育回报率加剧了工资收入的不平等。而在发达国家,贸易也存在导致收入差距扩大的可能(Atkinson 等,2001 年)。李清如、蒋业恒和董鹂馥(2014 年)通过中国工业企业数据发现,出口导向程度的增强和民营企业的发展有着积极的收入分配效应。

介于以上两种对立观点之间的是,有些学者认为全球化与收入不平等之间非正即负的线性关系并不显著(Lindert 和 Williamson,2001 年;Sala-i-Martin,2002 年)。曲兆鹏和范言慧(2012 年)认为,对外开放与收入分配关系之所以存在的诸多截然相反的结论,很大程度上是没有控制各省之间的异质性以及该异质性随时间变化的影响。作者利用 1995—2007 年中国省际面板数据和行业工资数据,在控制了上述因素后,发现贸易开放对省内工资不平等没有影响。其他一些研究认为,两者可能是一种非单调的关系,胡超(2008 年)采用中国 1985—2005 年的时间序列数据,就对外贸易与收入不平等的关系进行了实证研究,他们发现对外贸易与收入不平等也是一种“倒 U 型”的关系。Helpman 等(2010 年)在一个相对宽泛的参数设定内,预测了行业开放程度与工资不平等的“倒 U 型”关系。Liu(2013 年)则利用美国 1983—2005 年 43 个制造业数据检验了上述发现。

为什么全球化对收入不平等的影响研究会出现诸多分歧,这些差异可以有很多解释。首先,研究的样本选择有所差异。不同国家的数据,甚至同一国家不同时段的数据都会带来不同的结果;研究样本从城乡区域变换到不同行业的分析也会形成差异。其次,对于收入不平等以及全球化的测度方法上也存在差别。例如,收入不平等的测度方法就有基尼系数、泰尔指数、残差不平等、变异系数等;而全球化的定义可以由进出口总额、出口占国内生产总值(GDP)的比例、进口占国内生产总值的比例、外商直接投资(FDI)等度量。另外,对不平等的度量角度也会引起差异,比如,有些研究关注行业间的收入差异,另一些则强调行业内部的收入离差程度。最后,正如前面文献所述,在研究全球化贸易对收入不平等影响的问题上,选择的理论视角与分析方法各不相同,当采用不同模型或者不同控制变量的时候,由于相关性分析很难控制所有影响因素,出现不同结果在所难免(陈钊等,2010 年)。这也为实证方法如何更为细致地分析问题提出了挑战,正如 SBTC 可能同时影响到劳动力的价格效应以及由劳动力市场结构发生改变而表现出的结构效应,一国或者某一行业的对外发展也会同时改变上述两个效应的变化,从而导致不同的收入差距。

综上所述,对于中国贸易自由化与收入不平等关系的研究主要存在以下问题:第一,研究对象大多是局限于城乡、地区间的差距,而没有更多关注工资性收入差距的主要来源——行业差距;第二,因为缺乏个体层面数据,所以众多文献研究收入差距时只能够从更宏观的视角研究收入差距，局限于组间差距，而忽略了总体差距中另一重要的组内差距部分，这显然会影响决策者准确把握收入差距变化的因素；第三，研究样本期不具有代表性，要么是经济处于上行期，要么处于下行期，难以准确衡量进出口贸易变化对不平等的影响。鉴此，本书第5章重点关注中国工业出口强度与收入不平等的关系，将2003—2013年的《中国综合社会调查》的个体层面数据和工业行业层面数据进行匹配，前者的使用可以有效排除组间差距并测算出行业的组内差距，两者的结合也可以有效规避回归模型中所谓的内生性问题；同时，样本期恰好涵盖了中国加入WTO之后的经济上行期和金融危机后的下行期，便于更全面考察出口变化对工资不平等的影响。

2.5 本章小结

本书研究问题既是我国收入分配领域急需理解和解决的新问题，也是当前国内外学术界的前沿问题。但是，通过上述文献综述可以发现，对于收入差距关系的研究主要存在以下问题：(1)研究对象的问题。现有研究对象大多是局限于城乡、地区亦或企业间的差距，而没有更多关注居民收入差距的主要来源行业，特别是行业内部的一些特征。(2)研究视角的问题。因为缺乏个体层面数据，所以众多文献研究收入差距时只能够从更宏观的视角研究收入差距，局限于组间差距，从而忽略总体差距中的组内差距部分，这显然会影响决策者准确把握收入差距变化的因素。(3)研究数据的时效性问题。研究样本期不具有代表性，中国经济进入了新时代，新时代开放经济背景下我国收入差距出现了下降的趋势，尚无研究跟踪这一最新现象并做机制分析。因此，本书试图通过更加微观的住户调查数据，剖析行业内部一系列的特征对劳动者收入差距的影响。对这一问题及时地展开系统的研究有助于我国推行合适的产业政策以及对外开放政策，以达到改善贫富差距的目的，从而进一步满足人民对美好生活水平的追求。

3　产业政策与收入差距

3.1　引言

亚当·斯密曾在《国富论》(第443页)中指出过,“钱来得容易去得快,在任何地方,消费的一般状况,与其说是受消费能力的支配,不如说受赚钱难易程度的支配”。本来这段话是用来描述垄断行业利润是如何被西方皇室奢侈挥霍的,但是对于国家的经济实践来说,产业政策特别是财政补贴带给企业的无疑是一笔不属于自己辛苦赚取的财富,也可能被相对容易地消费掉(刘海洋、孔祥贞和马靖,2012年)。同时,中国的产业政策导向也在发生改变,中共十八届三中全会明确提出要保证市场对资源配置的决定地位,因此,在“十三五”规划中一些竞争性产业领域没有了诸如“调整结构”“优化配置”等词汇,因为这是企业内部自己的事情。所以,我们有必要密切关注中国产业政策对各种经济结果的影响路径,探究产业政策对企业决策、生产和绩效的影响,无疑也是当前供给侧结构性改革中十分重要的话题,可以为政策的制定提供指导意见。本章从产业政策出发,探讨学界忽视已久的问题,即产业政策会带来企业间的工资差距吗? 一般意义上而言,产业政策是国家制定的,引导国家产业发展方向、引导推动产业结构升级、协调国家产业结构、使国民经济健康可持续发展的政策。产业政策主要通过制定国民经济计划(包括指令性计划和指导性计划)、产业结构调整计划、产业扶持计划、财政投融资、货币手段、项目审批来实现。它包括产业组织政策、产业结构政策和产业布局政策等内容。从直觉上说,无论何种产业政策的施行,均会牵扯到资源的再分配问题,这直接影响到企业间的效率差异,而企业的效率则关系到职工的工资收入,建立产业政策与企业工资差异的关系离不开企业效率作为纽带。本章则以产业政策中的财政补贴为切入点,这一政策在中国的产业政策中更加具有代表性。一方面它可以引起市场竞争的变化,从而导致企业在绩效上面发生改变,这是通过竞争效应传导企业绩效的间接影响途径;另一方面,财政补贴是直接给企业发钱的货币手段,这就易于捕捉产业政策对劳动者收入分配可能存在的直接转移效应,这是其他政策并不显著的地方。

3.2 理论机制探讨

3.2.1 产业政策、创新与工资

本章基于 Aghion 等(2015 年)构建理论假说,在一个有两家企业参与竞争的伯川德模型中,企业既可以在同一行业内、也可以在不同行业生产。在自由放任(Laissez-faire)的市场经济机制中,在同一行业内的两个企业为了规避竞争,可能会加大创新投入,从而有利于其占领市场,排挤对手;企业也可能选择异于竞争对手的行业寻求差异化发展。而对于政府来说,为了达到某些行业发展目的(战略新兴、幼小产业的发展),他们希望更多的企业加入这一行业。此时,政府可以通过使用政策补助诱使全部企业加入这一行业中来。那么,企业为了占领市场会加大创新投资,这样产业政策就可以最大限度地激励企业创新,释放市场活力。Aghion 等(2015 年)称这样的政策为“竞争友好型政策”[①](competition-friendly),即在竞争性行业中,政府的产业政策不能只为少数企业“搭台唱戏”,而应该更加均等化,这样潜在的进入者才

① 黄先海等(2015 年)称该类产业政策为“竞争兼容型”政策。

会加入。因此,只有在以下条件成立时才能说产业政策是有助的,能够提升企业效率:①产业政策诱使企业参与到高强度的竞争环境中去;②产业政策并不会阻碍行业竞争甚至可能促使竞争。当然,上述发现也被经验数据所检验(Aghion 等,2015 年;黄先海等,2015 年)。对于更加真实的产业环境,一旦政府的产业政策有效,那么目标行业的企业由于创新发展而带来的绩效提升必然有益于整个行业的工资水平提升。以补贴政策为例,补贴政策可以通过允许更多企业获得补助,从而激励潜在进入者进入市场,对行业在位者和进入者而言,只有将更大的精力投入到创新上,才能在接下来更加激烈的竞争中生存下去,并实现提升企业生产率和创新水平的效果,企业员工的工资待遇也会随之提升,获得了政策带来的福利水平改进。以下通过更为具体的理论模型来表达产业政策是如何影响企业间工资差距的。

3.2.2 基本模型

假定市场中存在消费者和企业两个主体,与 Melitz(2003 年)的设定一样,异质性企业在垄断竞争行业中生产差异化产品,假定差异化产品的真实消费指数 Q 采取常替代弹性(Constant Elasticity of Substitution, CES)形式,即:

$$Q=\left[\int_{j\in J} q\,(j)^{\beta}dj\right]^{1/\beta},\ 0<\beta<1 \tag{3-1}$$

式(3-1)中:j 代表差异化产品;J 代表行业产品的集合;$q(j)$ 表示对产品 j 的消费;β 则表示产品间满足常替代弹性。消费者在收入约束下购买不同的产品去最大化其效用,即:

$$\mathrm{Max}\,U=\left[\int_{j\in J} q\,(j)^{\beta}dj\right]^{1/\beta}\ \mathrm{s.\,t.}\ \int_{j\in J} p(j)q(j)dj\leqslant E \tag{3-2}$$

那么,企业 j 的逆需求函数为:

$$p(j)=E^{1-\beta}P^{\beta}q\,(j)^{-(1-\beta)} \tag{3-3}$$

式(3-3)中：$U=Q$ 为消费者效用；$p(j)$是产品 j 的价格，$E=PQ$ 为行业总消费额，P 则表示差异化产品的总价格指数，具体表达式如下：

$$P \equiv \left[\int_{j\in J} p\ (j)^{-\beta/(1-\beta)}\, dj\right]^{-(1-\beta)/\beta} \tag{3-4}$$

现在，我们考虑加入了产业政策因素的企业均衡结果。假设企业在获得政策补助后，会根据他们所感知的市场竞争程度权衡资源的分配，我们假设有以下两条途径使用这笔补助：作为生产的部分 S_P 与研发的部分 S_R，$S_P+S_R=1$。其中生产部分被用于支付包括工人的工资、福利，投入品购买以及投资等各项费用，相当于直接的财政转移补贴了企业生产；而用于研发的部分是帮助企业降低生产成本、提高产品质量和管理效率等一系列旨在提高企业生产力的费用，这部分的政策补助则间接通过企业效率影响人均工资水平，可以视为产业政策的竞争效应。因为本章设定劳动为唯一的投入要素，假设生产部分用于支付工资的占比为 ϕ，因此，政策补助归为企业收益的金额为$(1-\phi)S_p$。那么，企业的总收益为：

$$\begin{aligned} R(j) &= r(j)+(1-\phi)S_p(j) = p(j)q(j)+(1-\phi)S_p(j) \\ &= Aq\ (j)^{\beta}+(1-\phi)S_p(j),\ A = PQ^{1-\beta} \end{aligned} \tag{3-5}$$

式(3-5)中：$R(j)$为企业 j 加入了政策补助后的总收益；$r(j)$则为企业通过销售产品所获销售收益。接下来，本章构造简单的生产函数：

$$y = \theta h^{\gamma},\ 0<\gamma<1 \tag{3-6}$$

式(3-6)中：h 代表企业雇佣的人数，假设企业在没有摩擦的劳动力市场上搜寻 h 个雇员所需要的成本为 $b(\theta)$，$b(\theta)$为 θ 的增函数①。θ

① 而在实践中，企业的招聘过程可能更加复杂，Helpman，Itskhoki 和 Redding(2010 年)给出了一个带有摩擦的劳动力市场，企业先从劳动力市场中选出 n 个候选者，然后雇用 h 个($n\geqslant h$)具有与企业效率相匹配能力的劳动者。本书为了简化模型直接将招聘的过程整合成一个步骤，但这一假设仍然符合直觉，效率高的企业会雇佣能力大的员工，而从规模庞大的劳动力市场中选出能力相匹配的员工的投入成本也应该更高，这个假设和 Helpman 等(2010 年)是一致的。

代表企业的生产率水平，为了行文简单方便，并体现异质性企业特征，本章用θ代替j来表示具有不同生产率的企业。

对于企业与雇员间的收益分配问题，本章利用讨价还价博弈(Bargaining Game)解决。在讨价还价之前，作为参与者双方来说，企业和雇员的信息是充分的，双方了解对方的处境。一方面，企业为了生产而进行的沉没成本(sunk cost)投资是需要雇佣劳动力生产补偿的，所以他们需要雇员；另一方面，作为劳动力市场上的求职者，时刻面临失业选项(outside option wage＝0)的冲击，所以他们需要工作[①]。因此，本章沿用 Stole 和 Zwiebel(1996 年)的设定，$w(\theta, h)$为企业θ必须支付的工资函数，该函数满足以下微分方程：

$$\frac{\partial}{\partial h}[r(\theta, h) - w(\theta, h)h] = w(\theta, h) \tag{3-7}$$

式(3-7)的左边为企业边际产出剩余，右边为劳动力的边际收益；代入式(3-5)和式(3-6)，可以得到微分方程(3-7)的解：

$$w(\theta, h) = \frac{\beta\gamma}{1+\beta\gamma}\frac{r(\theta, h)}{h} \tag{3-8}$$

可见，企业和雇员讨价还价博弈的结果是分别以$1/(1+\beta\gamma)$，$\beta\gamma/(1+\beta\gamma)$分割企业的销售收益。最后，根据企业和员工对收益的分割，可以写出企业的目标利润函数$\pi(\theta)$，联合式(3-5)和(3-6)，企业利润最大化问题表示为：

$$\pi(\theta) \equiv \max_{h\geqslant 0}\left\{\frac{1}{1+\beta\gamma}A\theta^{\beta}h^{\gamma\beta} + (1-\phi)S_p - b(\theta)h - f_d\right\} \tag{3-9}$$

由式(3-9)可得企业利润最大化的一阶条件：

---

① 为了简化模型，本书取博弈双方的谈判权重，即谈判力(bargaining power)对等。实际上，本书接下来考虑的产业政策会扭曲这一关系(刘海洋等，2012 年)，但是这不影响本书的最后结论；Helpman 和 Itskhoki(2008 年)给出了不同权重的讨论，而 Blanchard 和 Giavazzi(2003 年)在一个不同的框架中也得出了类似的结论。

$$\frac{\beta\gamma}{1+\beta\gamma}r(\theta)=b(\theta)h \tag{3-10}$$

因此，由式(3-8)和式(3-10)以及政策因素的加入，我们可以得到如下的企业平均工资表达式：

$$\overline{W}(\theta, h)=\frac{\beta\gamma}{1+\beta\gamma}\frac{r(\theta, h)}{h}+\frac{\phi S_p}{h}=b(\theta)+\phi\bar{s}_p \tag{3-11}$$

3.2.3 影响机制探讨

由基本模型得到的企业平均工资表达式(3-11)和 Melitz(2003年)的结论有所不同，虽然企业在生产率、规模、出口以及研发等状态上有所差异，但是在他们的模型里，行业内所有企业的工资是无差异的。而在本章的模型设定下，企业平均工资是随企业生产率的提高而增加的，这与直觉相符，效率高的企业需要雇佣能力更大的劳动力与之匹配，从而维持或者进一步提高其生产率。因此，企业为雇用到能力素质一流的劳动力，需要支付更高的工资，已有经验研究也发现这一现象(Bernard 和 Jensen, 1995 年、1997 年；Helpman, Itskhoki, Muendler 和 Redding, 2012 年)；另外，在考虑了产业政策变量之后，企业可能会将投入生产的政策补助用于发放工资或者福利，这相当于产业政策的直接补贴效应。也就是说，即使两个企业拥有同样的效率，但是产业政策会扭曲这两个企业的工资差距。同时，Aghion 等(2015 年)的分析总结出企业的创新研发投入强度 S_R 是受产业政策导向影响的。一旦产业政策是具有竞争兼容性的，那么企业会将更多的政策补助用于创新而非生产，这样将会增大企业创新成功的概率或者达到降低生产成本的效果，从而传导为企业人均工资的提升。大量的经验研究也验证了上述发现，研发能够提升企业生产率(周亚虹、贺小丹和沈瑶，2012年；汤学良、周建和吴万宗，2015 年)。而员工的平均工资和企业生产率是正向关联的(Bernard 和 Jensen, 1999 年)，随着生产率的提高，工资也会相应提高。因此，企业将产业政策补助用于创新的部分能够通过企业效率这一中间渠道影响企业的平均工资水平。综上所述，本章提出以下待实证检验的假说。

假说：产业政策对企业人均工资的影响通过补贴效应和竞争效应两个渠道实现。其中，补贴转移效应为正，竞争效应的符号取决于产业政策对企业所处行业的竞争程度的影响。当产业政策是以竞争兼容方式实施的时候，该类政策通过激励企业竞争提升工资水平，此时竞争效应为正；反之，产业政策会抑制企业创新，带来企业效率低下，工资水平过低，此时竞争效应为负。产业政策对企业工资的总效应最终取决于两个效应之间的强弱关系。

图 3-1 更为简洁地概括了本章理论模型推导的产业政策对工资的影响机制，本章接下来通过计量模型去检验上述假说的存在。

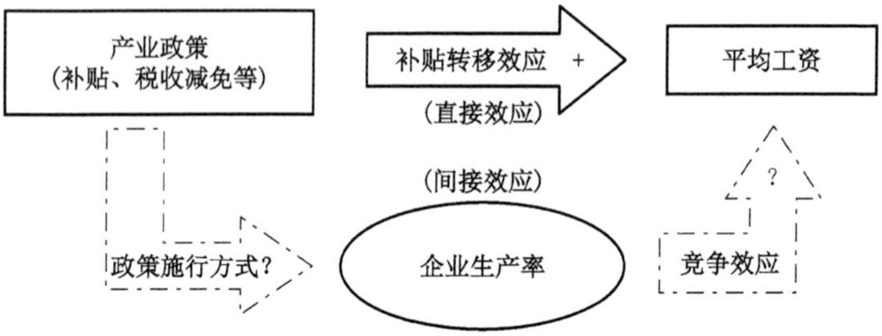

图 3-1　产业政策对工资的影响机制

3.3　计量策略、数据来源与变量选择

3.3.1　计量策略

在阐述了产业政策对企业工资影响机制的基础上，本章依据式（3-11）构建如下线性方程，作为实证分析的基本回归方程，即：

$$\ln wage_{ijt} = \beta_0 + \beta_1 industry\_policy_{ijt} + \beta_2 tfp_{ijt} + \beta_3 othercontrol_{ijt} + \delta D_{ijt} + \mu_{ijt} \qquad (3-12)$$

式(3-12)中：$\ln wage_{ijt}$ 为行业 j 中企业 i 在 t 时期的平均工资；$industry\_policy_{ijt}$ 为企业 i 在当年获得的政策补助；tfp_{ijt} 为企业的全要素生产率(total factor productivity, TFP)；$othercontrol_{ijt}$ 是影响企业工资的其他控制变量；D_{ijt} 表示企业所有制、年份、地区和行业等虚拟变量；μ_{ijt} 为扰动项。

本章首先考虑在基本回归中只添加政策补助这一核心解释变量，然后逐次添加其他控制变量，最后加入另一个关键变量全要素生产率，在这一过程中观察政策变量系数 β_1 的变化情况，从而捕捉产业政策的直接效应与间接效应对工资的影响。由于采用"由小到大"的建模方式，模型因为遗漏变量而产生不一致估计的概率将逐步减小。因此，基于前文理论分析，一旦"中国式"产业政策在平均意义上给企业全要素生产率带来的效果是负向的。那么，通过这一间接效应导致的企业平均工资也将是负向的，所以模型预测政策补助系数 β_1 在加入 tfp 变量之前将为负数；而控制了 tfp 之后，β_1 将变为正数，表示了在控制其他解释变量后，产业政策对企业平均工资的直接效应是正向的。

一旦上述预测被验证，接着将基本回归方程中的被解释变量换成企业的全要素生产率，从而进一步验证产业政策是如何通过中间变量全要素生产率影响企业工资的，这是产业政策通过企业全要素生产率传导的间接效应，具体的回归方程如下：

$$tfp_{ijt} = \gamma_0 + \gamma_1 industry\_policy_{ijt} + \gamma_2 controlvariables_{ijt} + \sigma D_{ijt} + \varepsilon_{ijt} \tag{3-13}$$

式(3-13)中：tfp_{ijt} 为行业 j 中企业 i 在 t 时期的全要素生产率；$industry\_policy_{ijt}$ 为企业 i 在当年获得的政策补助；$controlvariables_{ijt}$ 是影响全要素生产率的其他控制变量；D_{ijt} 表示企业所有制、年份、地区和行业等虚拟变量；ε_{ijt} 为扰动项。式(3-13)中的 γ_1 若小于零，那么"中国式"产业政策对企业效率的抑制作用就得以验证。结合式(3-12)中

的 β_2,作为全要素生产率对企业平均工资的影响,理论上应该为正。综上所述,通过式(3-12)与式(3-13),本章就分解出了产业政策对企业工资作用的两条路径:代表直接效应的 β_1,产业政策的补贴转移效应预测为正;而另一条路径则通过政策补助影响企业效率变化这一渠道实现,这一间接效应的方向需参照 β_2 和 γ_1 的符号进行判断。

3.3.2 数据来源与变量选择

本章研究对象为中国工业企业,数据来源于《中国工业企业数据库(1998—2007 年)》。该数据每年由国家统计局负责对年销售产值高于 500 万元的“规模以上”制造业企业进行调查,时间跨度长、企业样本量大,数据较为权威;数据主要以企业财务指标为主,便于科学地测算企业全要素生产率。为了保证用于实证分析的数据稳定性和质量,本章参考 Brandt 等(2012 年)、Cai 和 Liu(2009 年)以及一般公认会计准则,对原始数据库中财务指标的异常或缺失、从业人数小于 8、销售收入小于 500 万元等样本进行了剔除。通过上述筛选,最终得到一个时间跨度 10 年,企业观测数量超过 180 万个的非平衡面板数据集,该数据能够客观反映连续 10 年的中国工业企业的变迁。

本章重点关注产业政策对企业平均工资的影响,被解释变量是企业平均工资($\ln wage$),用企业本年应付职工工资总额除以企业员工人数,再取自然对数得到,考虑到经济发展的周期性波动,工资总额数据使用了消费价格指数(以 1998 年为基期)进行平减;政府的产业政策形式是多种多样的,除了行政管制和行政协调这类直接规制手段,实际操作中采用更多的是政府财政补贴、减免税和增值税等间接的经济手段。本章选取研究中最为常见的补贴强度(*syratio*)为核心解释变量,通过企业所获补贴金额与企业工业总产值之比来衡量。本章另外一个重要的解释变量企业生产效率用全要素生产率(*tfp*)刻画,Olley 和 Pakes(1996 年)提供了 TFP 的估算方法,该方法能有效解决最小二乘法(OLS)存在的偏误问题[①]。

除了关注的产业政策和反映企业绩效水平的全要素生产率之外，还有其他多种因素可能影响企业的平均工资，参照已有文献的设定，本章选择如下其他控制变量。

3.3.2.1 企业规模

规模大的企业可以获得规模经济，从而有更高的平均工资。为了避免可能存在的共线性问题，采用企业总资产的对数值来表示企业规模(*size*)。

3.3.2.2 出口状态

出口企业往往代表了高技术和高品质产品，能够获得参与国际市场的工资溢价，用当年企业出口交货值是否大于零表示企业出口状态(*export*)，出口交货值大于零表示企业当期是出口企业，否则为不出口企业。

3.3.2.3 人均资本

人均资本(*percapital*)反映企业的技术水平与生产效率，人均资本高的企业往往有更高的工资。本章用实际资本存量与员工人数之比来刻画人均资本。

3.3.2.4 企业年龄

企业年龄(*age*)用数据报告年份减去企业创建年份计算。

3.3.2.5 其他变量

此外，考虑国有企业的一些行政垄断对工资的影响，本章还控制了企业所有制性质。依据路江涌(2008年)的方法，将企业分为国有企业(*state*)、民营企业(*private*)和外资企业(*foreign*)；同时控制了年份(*year*)、地区(*area*)、行业(*industry*)虚拟变量。这些虚拟变量能够较好控制企业的微观特征、时间效应、区域效应和行业效应。表3-1给出了主要变量的描述性统计。

---

① 详细的估计方法见本书的第1章。

表 3-1　主要变量的描述性统计

变量	计算方法	均值	标准差	最小值	最大值
补贴强度（*syratio*）	补贴值/企业工业总产值	0.003 5	0.080 2	0	59
平均工资（ln *wage*）	平减后工资总额/员工总数，取对数	2.264 3	0.731 1	−7.804 3	11.228 6
全要素生产率（*tfp*）	OP 方法估计所得，取对数	3.392 4	1.172 2	−7.634 5	11.358 5
企业规模（*size*）	企业总资产，取对数	9.583 9	1.422 3	0.693 9	18.664 4
出口状态（*export*）	企业出口交货值大于 0 为 1，否则为 0	0.279 8	0.448 9	0	1
人均资本（*percapital*）	实际资本存量/员工总数	86.889 3	246.154 0	0.001 2	93 316.330 0
企业年龄（*age*）	数据报告年份减去企业创建年份	10.082 5	11.523 0	0	449

资料来源：作者使用 Stata 软件计算。本章下文同此。

3.4　实证结果分析

3.4.1　基本回归结果

表 3-2 体现了基本回归方程(3-12)的结果，其中第(1)栏只考虑政策补助这一核心变量，虽然第(1)栏的结果为正，但是并不显著；而第(2)至第(5)栏在依次添加了其他控制变量之后，政策补助的系数就稳定为负，并且显著。十分有意思的是，当表 3-2 第(6)栏加入了 *tfp* 变量之后，政策补助系数则变成正的了。这一系数方向的变化证明了产业政策对企业工资水平的直接影响为正，一旦控制了所有主要变量之

后，政策补助前的估计系数为 0.055 1，这表明企业补助占产出的比重每增加 1%，会使受补贴的企业工资水平增加 0.055 1%。因此，政策补助这一额外财富的增加会扭曲企业间的工资差异，表现为产业政策的转移效应。第(6)栏中其他控制变量对企业工资水平的影响基本符合预期：首先，大企业、有出口经历的企业都会有工资溢价，而人均资本对工资的影响为正，这表明单位员工的技术水平高并能使用更多的资本，从而通过更多的资本收益获取更多工资；其次，虽然企业年龄(*age*)的系数为负，但经济意义上对企业平均工资的影响不大(企业平均工资随年龄的增长每年降低 0.08%)；最后，企业全要素生产率对工资的影响最为突出，企业全要素生产率每增加 1%，企业平均工资可以提高 16.88%。可以看出，企业效率是员工待遇的主要来源，更有效率的企业员工工资更高，这一发现使得政策补助通过企业效率途径影响工资水平更受人关注。

表 3-2 基本回归结果

ln *wage*	(1)	(2)	(3)	(4)	(5)	(6)
syratio	0.009 0	−0.013 0**	−0.012 2**	−0.013 5**	−0.013 0**	0.055 1***
	(0.005 6)	(0.005 5)	(0.005 5)	(0.005 4)	(0.005 4)	(0.005 2)
size		0.102 4***	0.101 1***	0.087 3***	0.091 9***	0.074 3***
		(0.000 3)	(0.000 3)	(0.000 3)	(0.000 4)	(0.000 3)
export			0.024 3***	0.034 4***	0.038 4***	0.033 1***
			(0.001 1)	(0.001 1)	(0.001 1)	(0.001 1)
percapital				0.000 3***	0.000 3***	0.000 3***
				(0.000 0)	(0.000 0)	(0.000 0)
age					−0.002 9***	−0.000 8***
					(0.000 0)	(0.000 0)
tfp						0.168 8***
						(0.000 4)

(续表)

ln *wage*	(1)	(2)	(3)	(4)	(5)	(6)
cons	1.973 8	0.939 4	0.948 6	1.039 4	1.044 4	0.628 4
	(175.728 7)	(171.313 4)	(171.292 5)	(170.326 3)	(170.112 4)	(163.253 9)
N	1 841 804	1 841 804	1 841 804	1 841 804	1 841 804	1 841 804
adj. R^2	0.301 7	0.336 3	0.336 5	0.343 9	0.345 6	0.397 3

注:*表示 $p<0.10$,**表示 $p<0.05$,***表示 $p<0.01$;括号里为标准误;基本回归模型同时控制了观测企业所处地区、所有制、产业和年份效应。

当然,产业政策变量的估计系数在加入全要素生产率之后的改变,让我们有理由怀疑"中国式"的财政补贴与企业的生产效率有着很强的负向关联,产业政策还可能通过抑制企业全要素生产率间接导致企业工资水平下降,表 3-3 报告了回归方程(3-13)的结果。

表 3-3 产业政策对企业效率的影响

被解释变量	*tfp*	*New product*	*rd*
syratio	−0.196 1***	−0.075 7**	1.000 0***
	(0.007 7)	(0.037 8)	(6.76e−07)
size	0.044 3***	0.680 5***	1.765 1***
	(0.000 5)	(0.004 3)	(0.004 4)
export	0.007 3***	1.656 3***	1.430 6***
	(0.001 7)	(0.011 2)	(0.010 6)
percapital	−0.000 1***	−0.000 3***	0.999 4***
	(0.000 0)	(0.000 0)	(0.000 0)
age	−0.006 4***	0.025 1***	1.008 3***
	(0.000 1)	(0.000 5)	(0.000 3)
tfp_lag	0.638 2***	0.161 3***	1.141 0***
	(0.000 7)	(0.003 7)	(0.003 6)
cons	1.756 7	−11.304 9	0.000 1***
	(617.787 4)	(76.351 5)	(8.39×10^{-6})

(续表)

被解释变量	tfp	*New product*	rd
N	1 249 028	1 131 726	1 247 702
$adj.R^2$	0.593 8	0.152 6	0.161 4

注：* 表示 $p<0.10$，* * 表示 $p<0.05$，* * * 表示 $p<0.01$；括号里为标准误；各个模型同时控制了观测企业所处地区、所有制、产业和年份效应；当研发(rd)作为被解释变量的时候，报告的数值为 Logit 模型各个解释变量的几率比；tfp_lag 为滞后一期企业效率。

在市场竞争中，企业不进则退，表 3-3 中的第(1)栏显示补贴的提高反而抑制了企业全要素生产率。按照本章前述理论的分析，企业生产率在平均意义上并没有提高可能是因为企业并没有将这部分补助更多地用于创新投入，通过表 3-3 中第(2)和第(3)栏可以发现，补助的提升并没有提高企业选择研发的概率，反映企业创新结果的新产品产值也随之下降，这表明企业并没有将补助更多地用于创新，从而在市场中失去竞争力。这些发现的另外一种解释也可能来源于邵敏和包群(2012 年)所描述的国内大量企业“为补贴而补贴”，当企业获得补贴之后也并没有将这部分补助用于提升企业效率而是作为生产资料的补充。因此，当企业长期没有创新、没有新产品推向市场并且效率低下时，企业员工的工资水平自然会受到影响。这就是说，财政补助如果是没有促进企业竞争性，反而加深了企业的“惰性”，最终这种补助适得其反，不但没有起到激励企业成长，反而导致企业生产效率低下，更严重扭曲了不同企业间的工资差距。

3.4.2 内生性处理

虽然基本模型尽可能多地考虑了企业异质性对工资差异的影响，但是仍然存在可能的内生性问题，从而导致回归结果的偏误较大，基本模型中可能遗漏了企业那些不随时间变化的特征。例如，企业是否是高科技企业。一方面，高科技企业的工资相对较高；另一方面，“中国式”产业政策也更倾向给予这些企业以补助。所以，这一遗漏的企业特征造成了产业政策的内生问题。因此，本章采用面板数据的固定效应模型（Fixed Effects）和随机效应模型（Random Effects）对产业政策影响工资差距的机制进行了再检验。

基本模型可能存在的另一个内生性问题来自全要素生产率与企业工资间的双向因果关系。根据 Yeaple（2005 年）的研究发现，工资是员工能力的信号，高工资意味着企业拥有更高能力的工人，这样有利于 TFP 的提升，因此，TFP，存在内生性。在解决这一问题时，首先，本章选取平减后的中间投入品价值作为 TFP 的工具变量（Instrumental Variables，IV）；最后，本章采用更有效的广义矩估计，先对模型进行 FE 转换，再对变换后的模型使用 GMM 估计，以同时解决上述两类内生性问题。回归结果如表 3-4 所示，为了便于比较，表中同样列示了混合回归的结果。

表 3-4　工资差异的估计结果

解释变量	被解释变量：ln *wage*				
	(1)	(2)	(3)	(4)	(5)
	Panel-Pooled	Panel-Fe	Panel-Re	IV	GMM
syratio	0.055 1***	0.034 0***	0.041 5***	0.042 8**	0.050 1***
	(0.005 2)	(0.012 2)	(0.015 9)	(0.020 4)	(0.015 4)
size	0.074 3***	0.082 9***	0.074 8***	0.077 7***	0.075 6***
	(0.000 3)	(0.003 6)	(0.002 5)	(0.001 4)	(0.003 5)
export	0.033 1***	0.017 7***	0.030 9***	0.034 1***	0.011 7***
	(0.001 1)	(0.002 0)	(0.001 7)	(0.001 5)	(0.002 4)
percapital	0.000 3***	0.000 3***	0.000 3***	0.000 3***	0.000 3***
	(0.000 0)	(0.000 1)	(0.000 0)	(0.000 0)	(0.000 1)
age	−0.000 8***	−0.000 8***	−0.001 6***	−0.001 2***	−0.000 7***
	(0.000 0)	(0.000 1)	(0.000 1)	(0.000 1)	(0.000 1)
tfp	0.168 8***	0.151 0***	0.161 5***	0.136 3***	0.140 7***
	(0.000 4)	(0.001 0)	(0.000 8)	(0.006 1)	(0.018 2)

（续表）

解释变量	被解释变量：ln *wage*				
	(1)	(2)	(3)	(4)	(5)
	Panel-Pooled	Panel-Fe	Panel-Re	IV	GMM
cons	0.628 4	0.114 5	1.157 0***	1.132 7***	
	(163.253 9)	(0.409 2)	(0.019 6)	(0.024 4)	
K-P rk LM				4 249.736 0	1 258.688 0
K-P rk Wald F				303.286 0	113.626 0
N	1 841 804	1 841 804	1 841 804	1 841 804	1 703 020
$adj.R^2$	0.399 4	0.188 8	0.396 3	0.395 4	0.178 8

注：* 表示 $p<0.10$，* * 表示 $p<0.05$，* * * 表示 $p<0.01$；括号里为标准误；基本回归模型同时控制了观测企业所处地区、所有制、产业和年份效应。

对比表 3-4 中第(1)栏和第(2)栏的政策补助变量系数，采用面板固定效应模型比混合回归的估计系数小，这说明基本回归方程(3-12)遗漏了企业不随时间变化的特征，第(3)栏的随机效应模型进一步验证了这一发现；对比第(1)栏和第(4)栏，*tfp* 变量的系数变小说明由 *tfp* 带来的内生性会使混合估计结果偏大，引入工具变量能够降低这一影响。最后，GMM-FE 方法同时控制了 *syratio* 和 *tfp* 这两个变量的内生性，通过第(5)栏可以发现，相关变量的系数均比第(1)栏有所减小。在 IV 估计和 GMM-FE 估计中，需要对工具变量进行检验，主要考虑两个方面：首先，检验工具变量与内生变量是否相关，本章采用 Kleibergen 和 Paap(2006 年)的“*Kleibergen-Papp rk LM*”统计量来检验工具变量是否与内生变量相关，在 0.01 的显著性水平下拒绝模型被低识别(under-identified)的原假设；然后，需要检验弱工具变量问题，弱工具变量下 2SLS 的回归结果没有解释力。同样采用 Kleibergen 和 Paap(2006 年)的 *rk Wald F* 统计量，在较高的显著性水平下也拒绝了第一阶段弱识别(weakly-identified)的原假设。因此，这些检验充分证明了在 IV 和 GMM-FE 估计中，用中间投入品价值作为 *tfp* 的工具变量是合格的。

3.4.3 稳健性检验

3.4.3.1 考虑不同的回归方法

表 3-4 分别用了混合回归、固定效应模型、随机效应模型、工具变量法以及 GMM 估计方法,这五种方法得出的结论基本一致,核心解释变量政策补助的估计系数并没有发生方向上的改变,这些处理内生性的多种方法也进一步验证了基本回归结果的稳健。

3.4.3.2 考虑将被解释变量替换成员工福利

企业职工的最终薪酬应该包括基本工资和所得福利,在现实中,企业获得了额外补助还可能直接以福利的形式转移给职工而不是基本工资。因此,本章将被解释变量由职工所获平均福利替换平均工资。具体的回归结果如表 3-5 所示,同样列示了各个内生性处理的结果。表 3-5 中 GMM-FE 估计显示,政策补助每增加 1%,会使受补贴企业员工平均福利增加 0.055 1%,这一结果与被解释变量是职工平均工资时十分接近。因此,政策补助对于企业间工资差异具有可靠的影响。

表 3-5　稳健性检验

解释变量	被解释变量:ln *benefit*				
	(1)	(2)	(3)	(4)	(5)
	Panel-Pooled	Panel-Fe	Panel-Re	IV	GMM
syratio	0.089 6**	0.057 8***	0.069 0**	0.067 4**	0.055 1***
	(0.036 7)	(0.021 9)	(0.027 0)	(0.031 1)	(0.020 6)
size	0.083 7***	0.096 9***	0.082 5***	0.090 1***	0.098 1***
	(0.002 4)	(0.004 6)	(0.003 4)	(0.002 2)	(0.004 7)
export	−0.015 3***	0.006 3*	−0.014 8***	−0.012 8***	0.007 2*
	(0.002 5)	(0.003 7)	(0.002 9)	(0.002 6)	(0.004 3)

(续表)

解释变量	被解释变量:ln *benefit*				
	(1)	(2)	(3)	(4)	(5)
	Panel-Pooled	Panel-Fe	Panel-Re	IV	GMM
percapital	0.000 4***	0.000 3***	0.000 3***	0.000 3***	0.000 3***
	(0.000 0)	(0.000 1)	(0.000 1)	(0.000 0)	(0.000 1)
age	0.000 3***	−0.000 7***	−0.000 8***	−0.000 4***	−0.000 7***
	(0.000 1)	(0.000 2)	(0.000 1)	(0.000 2)	(0.000 2)
tfp	0.198 3***	0.171 8***	0.186 8***	0.136 9***	0.157 3***
	(0.001 0)	(0.001 6)	(0.001 2)	(0.012 3)	(0.034 7)
cons	−1.593 9	−2.984 2***	−1.325 7***	−1.196 7***	
	(18.507 7)	(0.258 3)	(0.027 7)	(0.046 1)	
K−Prk LM				3 784.652 0	1 011.938 0
K−Prk Wald F				267.328 0	87.342 0
N	1 505 487	1 505 487	1 505 487	1 505 487	1 363 576
adj. R^2	0.176 7	0.063 1	0.176 1	0.173 3	0.061 8

注:*表示 $p<0.10$,**表示 $p<0.05$,***表示 $p<0.01$;括号里为标准误;回归模型同时控制了观测企业所处地区、所有制、产业和年份效应。

3.5 进一步讨论:具有竞争兼容度的产业政策效应

上文的回归结论是产业政策平均意义上的作用,但是上文并没有区分出产业政策的施行方式,即产业政策究竟是以更竞争性的方式还是更集中的方式施加。Aghion 等(2015 年)和黄先海等(2015 年)均考察了产业政策的竞争兼容度(*ComHerf_subsidy*)对企业生产效率的影响。因此,本章继续追问产业政策竞争兼容度对企业工资的作用。本章借鉴 Aghion 等(2015 年)所使用的赫芬达尔指数(Herfindahl-Hirschman Index,简称 HHI)来构造产业政策的竞争兼容度,具体的计算方法如下:

$$ComHerf\_subsidy_{ijrt} = 1 - \sum_{h \in j,\, h \notin i} \left(\frac{subsidy_{hjrt}}{sum\_subsidy_{jrt}} \right)^2 \quad (3-14)$$

本章按照不同年份不同地区不同行业划分市场,对于在 t 年 r 地区 j 行业的企业 i 来说,它所要面对的市场竞争兼容度($ComHerf\_subsidy_{ijrt}$)由 1 减去该企业所处市场的赫芬达尔指数得到。需要指出的是,本章在计算赫芬达尔指数时排除了企业 i 自身所接受的政策补助。通过上述方法估算得到的指标能够给每一个企业带来其所面临的市场竞争程度,不但刻画了产业政策施加的离散性和均匀性,而且由于每个企业自身所获补助并没有参与公式(3-14)的分子与分母部分,可以有效规避产业政策的内生性问题。由理论分析可知,当市场中的企业感受到了产业政策的高竞争程度时,为了在竞争中不落下风,企业必然将更多的精力投入到效率提升上,具体表现为生产成本的降低或者产品质量的提高,从而在市场竞争中处于优势,这种优势也会通过企业的工资表现出来。表 3-6 是基本回归方程(3-12)加入了产业政策竞争兼容度之后的回归结果。

表 3-6　产业政策的竞争兼容度与企业平均工资

项目	(1)	(2)	(3)	(4)
	ln *wage*	ln *wage*	*tfp_op*	ln *benefit*
syratio	−0.012 5	0.048 2***	−0.144 0***	0.051 1***
	(0.012 1)	(0.014 9)	(0.008 7)	(0.019 7)
CompHerf_subsidy	0.310 6***	0.015 0***	0.084 0***	0.017 7**
	(0.002 9)	(0.004 0)	(0.005 9)	(0.007 0)
size		0.072 3***	0.123 1***	0.094 7***
		(0.003 8)	(0.001 8)	(0.005 2)
export		0.012 8***	0.032 3***	0.009 0**
		(0.002 3)	(0.003 1)	(0.004 2)

（续表）

项目	(1)	(2)	(3)	(4)
	ln *wage*	ln *wage*	*tfp_op*	ln *benefit*
percapital		0.000 4***	−0.000 1***	0.000 4***
		(0.000 1)	(0.000 0)	(0.000 1)
age		−0.000 7***	0.006 1***	−0.000 7***
		(0.000 1)	(0.000 1)	(0.000 2)
tfp_op		0.232 0***		0.142 2***
		(0.016 7)		(0.033 8)
N	1 834 249	1 695 469	1 244 992	1 357 734
$adj.R^2$	0.155 6	0.175 7	0.287 8	0.061 7

注：* 表示 $p<0.10$，* * 表示 $p<0.05$，* * * 表示 $p<0.01$；括号里为标准误；回归模型同时控制了观测企业所有制和年份效应。

表 3-6 第(1)栏是仍然只考虑政策补助变量和产业政策竞争兼容度变量的回归结果，可以发现政策补助变量虽然不显著，但还是对企业工资有负向影响，这和基本回归结果是一致的。第(1)栏中另一个变量，政策的竞争兼容度则对企业工资有显著的正向作用，结合第(2)栏，在控制了影响企业工资水平的其他变量特别是企业的全要素生产率之后，产业政策竞争兼容度的估计系数变小了，这说明产业政策竞争兼容度和企业效率之间具有显著的正向作用，这一发现得到了第(3)栏的回归结果验证，这表明产业政策的竞争兼容度越高，由此带来的企业效率提升也越大，也会增加企业的平均工资水平。第(4)栏则将被解释变量替换成企业平均福利，结果与被解释变量是工资时基本一致。

3.6 本章小结

在中国收入差距问题日益严重，特别是大量“僵尸企业”出现的经济环境下，研究产业政策对企业间工资差异影响的问题非常重要。本章通过加入了产业政策的异质性模型分析，得到了产业政策影响企业工资的机制：企业获得了补贴可以直接将其中的部分作为福利转移给职工，这是正向的补贴效应；如果此时市场的竞争程度不是很高，那么企业不会留足补贴用于提升企业效率，由效率下降造成的企业工资下降则是负向的竞争效应。本章使用中国制造业企业数据对上述结论进行了实证检验。结果显示：第一，在没有控制企业的效率之前，财政补贴对企业工资的影响为负，这是财政补贴的总效应。而一旦将企业效率控制在同一水平，企业每增加1%的财政补贴额，会使受补贴的企业工资水平增加0.055 1%，这说明财政补助的直接转移效应为正。在将企业全要素生产率、新产品产值作为被解释变量之后，可以发现政策补助对他们有负向影响，因此通过企业效率传导的竞争效应为负，而竞争效应显然超过了直接转移效应。第二，当进一步考虑具有竞争兼容度的产业政策之后，发现提升了行业竞争程度的产业政策也提高了企业工资水平，无论是补贴的转移效应，还是竞争效应都为正，这种企业工资的提高则是由企业效率带来的质的飞跃。在使用不同的回归方法和变换关键的被解释变量后，回归结果依然显著。

以上结论给产业政策制定者提供了丰富的启发与建议。

首先，产业政策对企业的财政补助是一种政府转移支付行为，相当于收入的二次分配，但是如果这个转移支付会通过企业效率导致工资的下降，这就和产业政策的初衷是违背的，即使效率相同的两个企业，有财政支持的企业将会比没有支持的企业平均工资更高，因此这直接关系到了政策补助的公平性问题。通过本章的分析，过去“中国式”的产业政策带来的结果是没有兼顾公平的，也破坏了效率，产业政策的不合理施行给我国的基本工资制度改革带来了阻碍，不能拿一部分企业的收益去补助另外一部分企业，这一行为的公平性值得商榷，相关政策制定者如何在坚持效率优先的同时兼顾公平是需要反复慎重权衡的。笔者认为一个产业政策总是有其适用的环境和边界条件的，产业政策应该在那些竞争程度更高的行业内施行，或者产业政策的覆盖更加离散均匀，从而诱使企业参与到更为激烈的市场竞争中去，最终企业间工资的差距是“有效市场”竞争的结果，而非“有形之手”不合理的指挥，这样产业政策对企业工资的影响才能与我国的分配制度在内涵上一致。

其次，对于已经存在大量“僵尸企业”的行业，产业政策的制定应该更为谨慎。这些行业中的企业由于长期得到大量补贴，缺乏竞争意识，当经济繁荣时他们尚可依靠低成本优势维持生存，而当经济不景气时就没有任何竞争优势，最后到了积重难返的地步，成为“僵尸企业”。产业政策应该从提升这些企业的效率出发，使得他们的生产重新焕发生机。在生产上必须进行技术或者产品革新，对于这部分企业的补贴可以转为给技术人才的工资补助，这样一方面可以为这些企业吸引人才，帮助企业提高效率；另一方面也能避免直接给企业补贴带来的负面效应。同时，政府也可以帮助这部分企业组织员工培训（worker training），将财政补贴金以员工教育费的形式发放（吴万宗和汤学良，2016 年），这样一方面可以提升劳动力技能，提高生产效率；另一方面也能够为员工的职业生涯提供更多的技能保障，一旦企业无力为继而倒闭，得到技能培训的下岗职工也可以更加灵活地适应劳动力市场。

最后，本章主要以政策补贴为内容研究了产业政策与企业工资的关系，而产业政策的财政手段还有很多，如税收减免。应该说我国全面深化改革进入了关键时期，供给侧结构性的改革是当前工作的重点，政府也推出了“减税降费”等税费政策为企业减负。本章研究的政策补贴是在给企业收益做加法，而税收减免则是给企业成本做减法，二者对企业效率以及工资的影响机制是否一致，如何科学地使用这些政策手段促进企业效率以及工资的提升，都是未来需要进一步探讨的话题。

4 产业结构变迁与收入差距

4.1 引言

中国作为后发国家，改革开放后的三十多年经济发展备受瞩目，其中产业结构转变是理解这一高速增长的核心变量（干春晖等，2011年）。同样，在中国这一轮经济增长过程中，我们的收入分配状况也愈加恶化[①]。而产业结构变迁的同时是投入要素优化配置、生产率变动的过程，其中劳动要素的变化反映在就业结构上，由此引发的生产率差异也进一步吸引劳动力的部门间流动，这些变化都与劳动者的收入息息相关。因此，探讨产业结构变迁对收入不平等的影响这一问题显得尤为重要，特别是当中国经济处于又一个经济转型关口，供给侧结构性改革引发的产业结构升级会给劳动者收入差异带来何种影响，这些都急需研究给出明确解答。

本章剩余结构安排如下：第 2 节简要叙述产业结构影响不平等的理论以及中国产业结构变迁的历程；第 3 节说明计量回归策略，并对数据与变量构建进行解释；第 4 节是实证结果与说明；第 5 节为稳健性检验；最后为本章小结。

---

① 这一状况在 2008 年的全球金融危机后有所缓解，从国家统计局公布的反映收入分配合理程度的基尼系数来看，自 2009 年以来，基尼系数出现了连续 5 年下降的态势，直到 2016 年略有回升（详见第 1 章图 1-1）。

4.2 中国产业结构调整及收入不平等:理论与事实

4.2.1 产业结构影响收入不平等的理论基础

早在17世纪,威廉·配第就研究了劳动力在各产业部门的回报差异以及这种差异对劳动力流动的影响,他指出工业的平均收入高于农业,服务业又比工业高,因此,这种收入差距会促使劳动力向回报率高的产业转移。按照经济学经典理论的阐述,产业间的劳动要素如果可以自由流动,那么劳动的回报率应该也是一致的。具体来说,如果劳动力可以在各产业间自由流动,劳动力市场供需关系的动态转变,会使得各行业的工资水平收敛并趋于一致。因此,度量行业产值与就业人数的结构指标——产业结构合理化程度和收入不平等间就是一个正向的关系。即产业结构越合理,经济体的收入分配差距也就越小。改革开放以来,中国产业结构合理化主要是通过放松对劳动力流动的管制,促进劳动力在城乡间、地区间和行业间自由流动来实现的。根据刘易斯(1954年)的二元经济理论,二元经济下大量的农村剩余劳动力向城市转移,一方面促进了产业结构合理化,另一方面也改善了自身的收入水平。程莉(2014年)也通过分析1985—2011年的省级面板数据,得出产业结构的合理化有利于城乡收入差距缩小的结论。国外学者Stark和Micevska(2009年)则通过对波兰的数据进行实证,认为劳动力流动有助于降低基尼系数。根据本书测算,1981—2014年,中国北京市在国内各省市中产业结构合理化指标位居第一,该市的收入不平等指标水平也较低,仅次于上海市。因此,本章提出假设1。

假设1:产业结构合理化有利于降低收入不平等。

克拉克在20世纪50年代发展了配第的理论,他认为劳动力遵循首先由第一产业向第二产业转移,再由第二产业向第三产业转移的路径;而从劳动力分布情况看,就业结构中第二产业劳动力比重特别是第三产业比重逐渐增加，这一定律后来被学界称之为“配第-克拉克定律”。克拉克定律主要阐述的还是配第的思想，即随着经济发展水平的提高，第二产业与第三产业平均工资水平提高会吸引更多的劳动力供给，从而在整个劳动力分布上就呈现农业劳动力比重下降，工业与服务业比重上升的规律。从短期来看，经济的增长提高了工业和服务业比重的同时也扩大了收入差距，因为工业和服务业的收入相对农业来说更高，因此，如果按照克拉克的方法定义产业结构高级化——非农产业产值与农业产值之比——就会得到产业结构升级会恶化收入差距的结论。但是从长期来看，当经济进一步发展，产业结构越来越高级，即就业人员绝大部分都是就职于更高收入水平的工业或者现代服务业部门，那么收入差距也会随之减少，因为这时候第二和第三产业在不平等计算中的权重更大，而就业人数更少的农业部门并不会对收入差距产生多大的影响，这也是库兹涅茨“倒 U 型”假说的理论基础。

此外，并无更为精准的理论为产业结构升级与收入差距间的关系作出明确的解答，产业结构升级可能有着熊彼特所说的“创造性破坏”的属性。一方面，产业升级会带来新兴技术产业的爆发式增长，创造出更多的就业岗位，这有利于吸纳更多的劳动力，从而缩小收入差距；另一方面，随着产业结构越来越向中高端迈进，技术与资本往往会挤占劳动力，资本有机构成比更高，单位资本需求的劳动力配置越来越少，换句话说“机器代替人工”的故事在越来越多的行业发生，大批产业工人的就业机会被破坏，从而加剧收入差距的恶化。因此，产业结构高级化的过程同时也是对就业结构剧烈调整的过程，产业结构的高级化对收入差距的影响并不明朗，需要比对创造与破坏两种效应的大小。例如，20 世纪 90 年代，国有企业改制过程中出现的“下岗潮”现象，国企为提高效率需减少冗余劳动力轻装上阵，当时买断了大批职工劳动合同使他们下岗。其中纺织业的改革颇具代表性，也是上一次国企改革的突破口。1998 年 2 月 27 日，国务院颁布了《国务院关于纺织工业深化改革调整结构解困扭亏工作有关问题的通知》,并在全局上提出纺织工业深化改革、调整结构、解困扭亏工作的主要目标有:从1998年起,用3年左右时间压缩淘汰落后棉纺锭1 000万锭,分流安置下岗职工120万人,到2000年实现全行业扭亏为盈,为纺织工业的产业升级和振兴奠定基础。当然,这些举措有其历史局限性,大量的财政补贴也给效率提升带来惰性,可是有一点积极的因素存在,在中国经济处于上行阶段,1998年国企改革中的大量下岗职工被当时劳动密集型行业以及蓬勃发展的服务业给消化了,产业结构间的合理程度缓解了失业潮的出现,亦缓解了收入差距的恶化。

随着经济发展水平的提高,第二产业与第三产业平均工资水平提高会吸引更多的劳动力供给,从而在整个劳动力分布上就呈现农业劳动力比重下降,工业与服务业比重上升的规律,这也是产业结构高级化的过程。那么,产业结构高级化可能通过两种路径影响收入差距:一方面,本书定义的产业结构高级化为第三产业与第二产业产值之比,当第三产业中薪资相对较低的生活服务业就业人数占比提高时,也体现为产业结构高级化,而此时由于生活服务业具有较强的吸纳就业作用,有助于降低收入不平等。周立群和王向(2013年)通过对1998—2009年的省级面板进行实证研究,得出服务业的就业占比提升对降低城乡居民收入比有显著影响的结论。2012—2016年,中国第二、第三产业中平均工资较低的住宿和餐饮业、居民服务业、修理和其他服务业占城镇私营及非私营就业的比重逐步提高,其中住宿和餐饮业占比从2012年的3.88%逐步上升至2016年的5.03%,居民服务业、修理和其他服务业占比则从2012年的3.06%上升至2016年的3.58%。一方面,当产业结构高级化表现为生活性服务业就业占比的提高时,对收入差距的降低有正面作用;另一方面,产业结构高级化也可能表现为资本技术较为密集、劳动生产率较高的生产性服务业产值占比的提升。上述生产性服务业往往平均薪酬较高,会起到加剧收入差距不平等的作用;同时,高端生产性服务业中资本技术往往会替代一部分劳动,就业吸纳能力不高,从而进一步恶化劳动收入分配。2013—2016年,中国第二、第三产业中平均工资较高的金融业就业人数占城镇私营及非私营就业的比重仅上升了0.07%。而同样收入较高的信息传输、软件和信息技术服务业就业占比则从2013年的1.01%降至2016年的0.94%,高端生产性服务业就业吸纳能力不强。因此,产业结构高级化对收入差距的影响存在正、反两个效应,具体哪个效应占主导地位需要具体分析,不同的经济发展阶段产业结构高级化对收入差距的影响可能不同。因此,提出假设2。

假设2:产业结构高级化对收入差距的影响是不确定的,不同经济发展阶段下产业结构高级化对收入差距的影响可能不同。

另外,现实往往由于劳动力技能因素(宁光杰和林子亮,2014年)、劳动力市场的匹配摩擦(Helpman等,2012年)以及社会经济壁垒(都阳等,2014年;李路路等,2016年)的存在,劳动力实际上是受分割的,产业协调发展受到诸多阻碍。例如,中国的户籍制度束缚了很多农村劳动力向城市转移,而个体受教育水平的异质性也限制了劳动力在不同行业间的自由流动。所以,伴随中国社会经济改革的深入,研究产业结构的变化在多大程度上影响了收入分配具有十分重大的现实意义,这有助于我们把握产业结构调整对国民收入分配的影响。作为背景,我们首先简要地回顾一下中国的产业结构变迁状况。

4.2.2 中国产业结构调整的历史

改革开放前(1949—1977年),中国通过几次重大的经济方针、政策、路线的制定,基本上沿袭了前苏联的发展模式,率先建立了一整套的重工业体系,针对当时国家刚成立,遭遇西方经济封锁的国际环境来说,这些举措具有历史战略意义。但是,国民经济比重过多的偏向重工业,忽视了轻工业、服务业以及农业生产,会造成产业结构的严重失调[①]。然而，改革开放前的分配政策又是国家分配，“大锅饭”的模式基本上保证了分配的公平，但失去了效率也难以激发人们的劳动热情。因此，改革开放前，中国存在着一个奇怪的经济现象，即产业结构的极其不合理与收入分配的绝对公平。而对改革开放后中国产业结构的分析，一些学者将中国1978年以来的改革进程分为四个阶段，本章在此基础上增加了2008年全球金融危机后时代，将1978—2015年分为1978—1984年、1985—1992年、1993—2000年、2001—2008年以及2009—2015年五个阶段进行分析[②]。

改革开放后初期(1978—1984年)，家庭联产承包责任制率先在农村取得突破，国有企业改革方面以增加自主经营权为特征，个体经济恢复发展，中国经济体制改革进入调整、探索阶段。这一时期，一方面家庭联产承包责任制的施行，释放了大量的农村剩余劳动力；另一方面城市内轻工业以及服务业的急剧发展也需要大量的劳动力[③]，进城的劳动力经过简单的培训即可适应现代化的机器作业。因此，随着第一产业产值大幅提升，同时解放了大量的劳动力，劳动生产率也得以提升，轻重工业比例也向协调方向发展，第三产业得到补偿发展，产业结构的合理化程度得到提升，产业结构的高级化也是缓慢进步，此阶

① 虽然中央有所觉察，例如，毛泽东在1956年的《论十大关系》中指出，处理好十个重要关系，其中第一条就是处理好重工业和轻工业、农业的关系，在优先发展重工业的同时，要加快轻工业和农业的发展。但是这些指导思想没能长期稳定执行以及后来频繁的政治动荡没能很好地落实这些指导思想为具体的方针、路线，以致改革开放前的产业结构还是过于失衡，重工业比重过大。

② 董辅礽(1999年)在《中华人民共和国经济史》中将1978—1999年的中国经济发展分为经济体制改革探索阶段(1976—1984年)、经济体制改革全面推进阶段(1984—1992年)、建立社会主义市场经济体制阶段(1992—1999年)；汪海波(2006年)在《中国现代产业经济史》按照中国经济的市场取向将1978—2004年的中国经济发展分为市场取向改革起步阶段(1979—1984年)、市场取向改革全面展开阶段(1985—1992年)、市场取向改革制度初步确立阶段(1993—2000年)和市场取向改革制度逐步完善阶段(2001—2004年)；干春晖等(2011年)则在一篇很有影响力的论文中将1978—2009年的中国经济改革进程划分为1978—1984年、1985—1991年、1992—2000年和2001—2009年四个阶段，本书参照这些优秀的研究，与他们的分期方式基本相同。

③ 1979年，中共中央和国务院提出了“调整、改革、整顿、提高”的工作部署，决心用3年做好这一调整工作；20世纪80年代初又出台了轻纺工业优先发展政策，压缩工业基本建设规模，增强农业和提高轻工业的比重。

段的收入差距也呈现出缩小的趋势,如图 4-1a 所示。

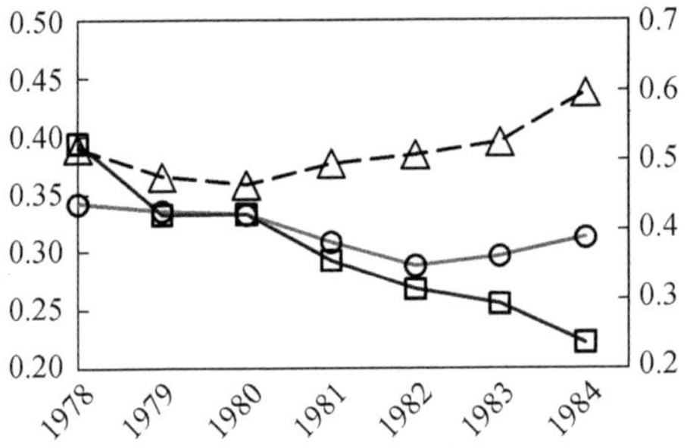

图 4-1a　经济体制改革调整探索阶段(1978—1984 年)

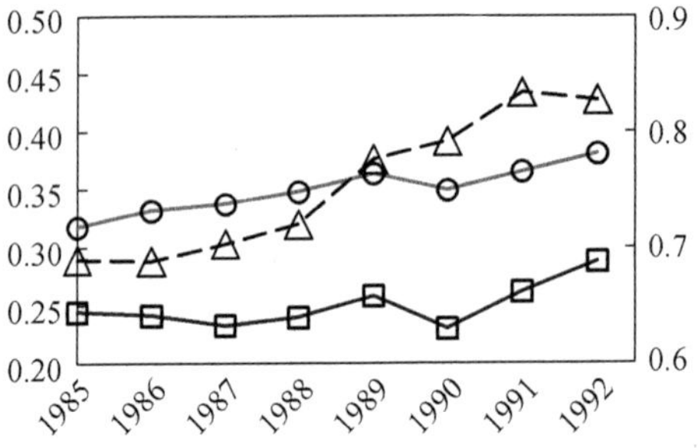

图 4-1b　经济体制改革全面推进阶段(1985—1992 年)

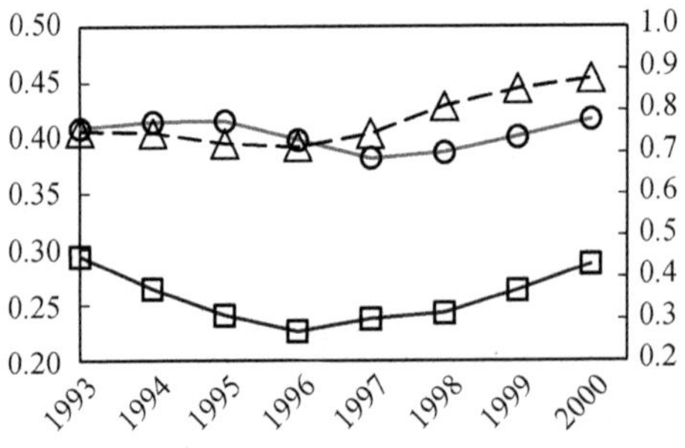

图 4-1c　市场经济体制建立阶段(1993—2000 年)

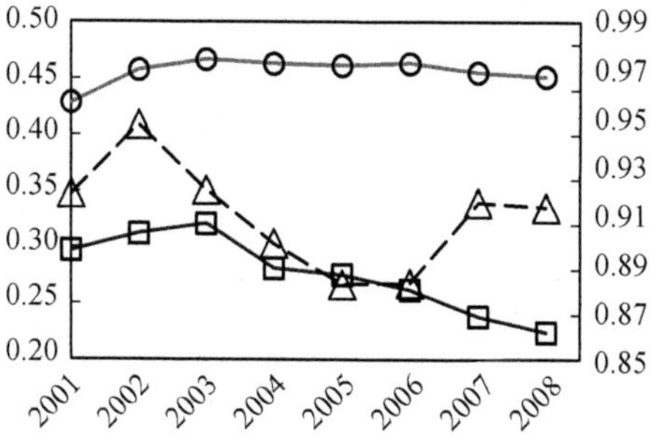

图 4-1d 市场经济体制完善阶段(2001—2008 年)

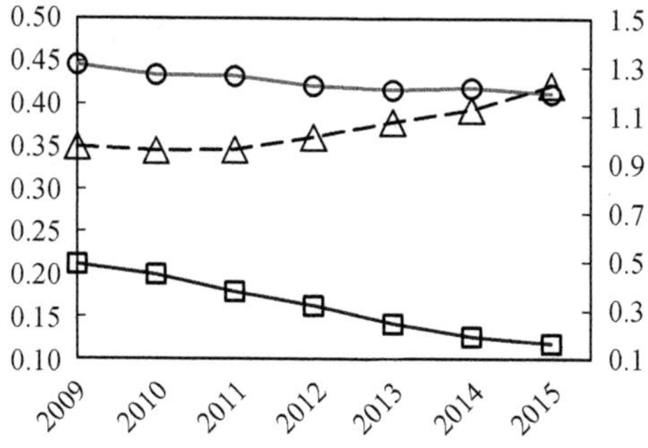

图 4-1e 后金融危机阶段(2009—2015 年)

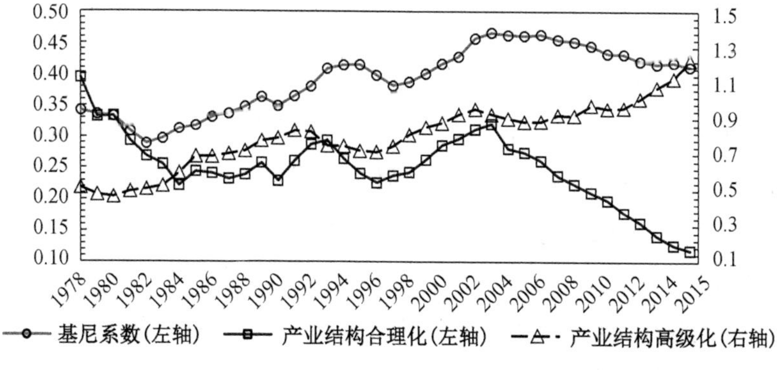

图 4-1f 1978—2015 年中国产业结构变迁与基尼系数(Gini Index)

经济体制改革进入全面推进阶段(1985—1992 年),农村经济体制改革取得决定性胜利,加之乡镇企业异军突起,农业生产力得到进一步解放。有学者认为在这一阶段中国已经完成了工业化补课(张立群,1992 年),即改革以来强调优先发展消费品工业,而非过去过度偏向重工业的发展路线。在 1987 年召开的中共十三大之前,几乎所有政府重要文件都要求优先发展消费品工业,以往发展滞后的轻工业得到了长足进步。到这一阶段结束,在工业内部,1992 年轻工业增加值5 047亿元,比上年增长 20.9%,是 1984 年的 1.5 倍。服务业在这个时期发展更为迅速,其中以生活服务为主的服务行业,如批发零售业、住宿和餐饮业的产值分别比 1984 年提高约 938%和 942%,以生产服务为主的行业如交通运输、仓储、邮政业和金融业则分别比 1984 年提高 723%和 1 009%。与此同时,经过近十年的改革,20 世纪 80 年代中后期,一些消费品工业开始出现大量过剩产品、企业生产停滞等问题,政府感到不必再强调消费类工业品的优先发展。中共十三大则明确提出既要大力发展消费品工业,也要充分重视基础产业和基础设施行业的发展,特别是其中的房地产以及基础设施,还要努力振兴机械工业和电子工业,政府开始注意强调产业结构的升级。因此,这一阶段的产业结构合理化程度一直处于波动而无明显下降或者提高,反倒是产业结构随着轻工业发展以及后期的房地产和基础设施建设的拉动,这一时期产业结构升级趋势明显,如图 4-1b 所示。而这一趋势也加剧了收入分配向更加不均等方向发展。

市场经济体制建立阶段(1993—2000 年),1993 年中共十四届三中全会通过了《中共中央关于建立社会主义市场经济体制若干问题的决定》,这次全会系统并具体化了中共十四大确立的经济体制改革目标和基本原则,确立了市场在资源配置中的基础性作用,为社会主义市场经济体制的建立提供了方向。而市场是讲究以效率为分配导向的,这就突出了分配过程中的“效率优先”,因此,整体上来看这一阶段的基尼系数呈上升态势,除了 1995—1997 年有一个回落的过程,这一定程度上和亚洲金融危机的爆发有关系(万广华,2013 年)。这一阶段农业内部结构不断优化，以畜牧业，蔬菜、花卉和水果等经济附加值高的作物提升为特征，但是亚洲金融危机也抑制了消费能力，打压了农产品价格。不过乡镇企业以及东部沿海劳动力密集型产业的发展都为农村剩余劳动力的转移提供了条件。虽然这一阶段城镇化进程加快①，这有利于城镇吸收农村剩余劳动力，但是服务业发展缓慢②，且工业有重化工业主导的趋势③，20 世纪 90 年代中后期，重工业发展速度提升，企业进行大量的固定资本投资来完成升级和改造，这一发展方式却不利于吸收农村剩余劳动力，如表 4-1 所示。同时，1998 年开始的国有企业改革也使得大量的职工下岗，劳动力市场需求压力骤增。因此，以 1997 年为时间节点，产业结构变得更加高级的同时却越发的不合理，基尼系数开始逐渐增大，如图 4-1c。

表 4-1　国有工业企业固定资产原值与职工人数

年份	固定资产原值（亿元）	职工人数（万人）	人均固定资产原值（元/人）	每万元配套职工人数（人/万元）
1990	9 961.20	4 364	22 826.0	0.44
1995	25 733.00	4 397	58 524.0	0.17
1997	38 351.00	4 040	94 928.2	0.11
2000	57 294.96	2 096	273 354.0	0.04
2001	61 782.45	1 824	338 720.0	0.03

数据来源：马晓河. 对低收入者和高收入者之间的收入不平等程度分析[J]. 管理世界，2003，9.

市场经济体制逐步完善阶段（2001—2008 年），这一阶段的主要特征是农村全面深化改革，重工业趋势明显，出现产能过剩，服务业发展较快。加上 2001 年中国加入 WTO，市场化进程加入国际化因素，

① 1997 年 6 月 10 日，国务院批转公安部《小城镇户籍管理制度试点方案和关于完善农村户籍管理制度的通知》，这进一步放松了农村人口进入城镇的条件，加快了中国的城镇化进程。

② 除少数行业增长较快，大多服务行业都缓慢增长，其中受亚洲金融危机的影响，批发零售业，交通、仓储和邮政业，金融保险业，房地产业占 GDP 比重均有所下降。

③ 到 2000 年，重工业占工业的比重更是达到 60.20%。

这给中国各个层面的经济体制改革带来了机遇与挑战，中国也抓住了这一机遇，经济发展迎来了一个黄金时期，经济增长速度逐年提升，在这一时期年平均经济增长率达到 10.81%。中共中央从这一时期的 2004 年开始，连续 14 年的一号文件均与“三农”（农业、农村、农民）问题有关，对农村改革和农业做出具体部署，明确了“三农”问题是当前中国在建设社会主义现代化的“重中之重”的地位。特别是 2004 年，针对全国农民人均纯收入连续增长缓慢的情况，中共中央下发《中共中央国务院关于促进农民增加收入若干政策的意见》。2006 年又全面取消农业税，减轻了农民的税负，以及社会主义新农村的建设无不对现代农业的发展提供了政策保障，促进农业生产率得到提升。同时，随着中国加入 WTO，出口企业的效率得到提升（余淼杰，2010 年；余淼杰，2011 年）。而在经济上行阶段，服务业各行业发展也十分繁荣。截至 2008 年，第三产业增加值 120 487 亿元，比上年增长 9.5%。其中，全年交通运输、仓储和邮政业增加值 16 590 亿元，比上年增长 7.6%，占第三产业总产值的比重达到 12%；而批发和零售业、住宿和餐饮业、金融业、房地产业和其他行业占第三产业总产值的比重分别为19.1%、4.8%、13.4%、10.8%、38.8%。因此，这一阶段由于三个行业发展较为协调，除了 2002—2003 年产业结构合理度有所上升，这和中国加入 WTO，工业出口形势有关，其余年份这一产业结构指标一直是不断下降的。而这一阶段的第二和第三产业亦发展迅速，故产业结构的高级化波动较大。最终反映到这一阶段的基尼系数上来说，2003 年和 2006 年都是收入差距的高点，2006 年之后这一不平等指标开始下降，如图 4-1d 所示。

后金融危机阶段（2009—2015 年），中国经济进入新常态特征愈发明显，从 2012 年起，中国国内生产总值增速开始回落，2012 年、2013 年、2014 年、2015 年全年增速分别为 7.8%、7.7%、7.4%、6.9%，中国正告别过去 30 多年平均 10%左右的高速增长，经济增长速度换挡至中速，新产业、现代服务业与小微企业作用凸显，经济增长将更多地依靠创新驱动，依靠人力资本以及技术进步。受金融危机影响，国际市场消费能力疲软，这一阶段我国的进出口总额增长放缓，其中2009年全年货物进出口总额22 072亿美元，比上年下降13.9%。货物出口12 017亿美元，比上年下降16.0%；货物进口10 056亿美元，比上年下降11.2%。进出口差额（出口减进口）1 961亿美元，比上年减少1 020亿美元。伴随着二次产业的疲软，以"互联网+"为特征的现代服务业吸纳劳动力的水平却在提升，中国产业结构在这一时期不断升级，走在向中高端迈进的道路上。同时，随着农村土地承包经营流转政策的执行，盘活了农村土地市场的资源配置，也促进了农业的效率进步与农民增收（冒佩华等，2015年；冒佩华和徐骥，2015年）。因此，这一阶段，产业结构合理化程度也一直在提高，如图4-1e所示。

图4-1f基本展示了1978—2015年中国产业结构变迁以及基尼系数变化的全貌，大致刻画了它们之间的相关关系。总体来说，产业结构合理化在各阶段和收入不平等保持了一致的走向，即产业结构越合理，收入不平等程度越小；而产业结构高级化与不平等间的关系就不是这么清晰，有的阶段就较为一致（如1984—1992年），有的阶段却又相反（如2001—2015年）。当然，以上相关关系并非因果联系，下面通过更为具体的计量方法探究产业结构变迁的两个维度对收入不平等的影响。

4.3 计量策略、数据来源与变量选取

4.3.1 计量策略

本章在1978—2014年省际面板数据框架下构建基本模型，收入不平等与产业结构变迁之间的关系如下：

$$Inequality_{it} = \beta_0 + \beta_1 TL_{it} + \beta_2 TS_{it} + \gamma_{it} X_{it} + a_i + \varepsilon_{it} \quad (4\text{-}1)$$

式(4-1)中：$Inequality_{it}$ 为省份 i 在 t 时期的不平等指标；TL 和 TS 分别代表产业结构合理化和产业结构高级化；a_i 为各省的固定效应，不随时间的变化而变；向量 $\boldsymbol{X}$ 反映省际层面可能影响收入差距的其他特征变量。例如，城镇化率及其平方、女性职工比例、在读普通中等学生比例、在读普通高等学生比例、政府用于社会保障救助的资金、进出口以及外商直接投资(FDI)等。

4.3.2 数据处理

本章实证分析所使用的数据均来源于《中国统计年鉴》(1978—2015年)和各省、自治区、直辖市的历年统计年鉴(下文简称年鉴)，由国家统计局及其下属省级调查总队负责每年系统地收录反映经济、社会各方面数据的统计资料，包括诸如国民生产总值的三次产业构成、就业人口的三次产业构成、人口总量的性别比例、城乡比例等，是一部能够全面反映中华人民共和国经济和社会发展情况的资料性年刊。特别是反映人民生活水平的城乡入户调查资料，分别统计了城镇与乡村当年的人均收入以及收入分组数据，这使得我们通过统计方法人工生成微观收入数据成了可能。

对于收入分配研究的主要障碍之一是数据的缺失，有些是因为数据的私密性。例如，国家统计局城调队每年调查的中国城镇住户调查数据(Urban Household Survey，简称 UHS)就未公开，这一数据持续时间跨度大，统计了包括收入在内相当数量的微观个体特征数据，有助于研究相当长时期内的城镇内部收入差距问题。此外，随着微观计量研究的兴起，越来越多的单位和研究机构也开始独立组织调查，其中较为有影响力的调查包括中国人民大学社会学系与香港科技大学调查研究中心联合开展的中国综合社会调查；北京师范大学收入分配研究院李实教授组织的中国居民收入调查；北京大学中国社会科学调查中心谢宇教授组织的中国家庭追踪调查。这些调查数据具有全国性、综合性的优点，并科学、系统、持续地收集关于中国人工作、生活、行为、观念和态度等细致翔实数据。但是，上述调查的共同缺点就是时间跨度短，CGSS 起始于 2003 年，CFPS 更是从 2008 年刚刚开始组织调查，所以他们并不能全面反映改革开放以来我国劳动者收入状况的变化特征。因此，对于研究较长时期内的产业结构变迁与收入差距问题来说，家庭微观调查数据并不占优势，但是国家统计局公布的收入和人口收入百分比却公开可得，且具有较长的连续性，一批收入分配学者构建了一个可行的思路，即首先利用收入分组数据在洛伦茨曲线上确定人口比例与其收入份额的点，例如，最低收入的 10%劳动者得到 5%的收入份额，而最高收入的 5%群体得到 20%的收入份额，然后利用这些点去估计收入分布函数，而一旦收入分布函数被确定，那么我们就可以利用这一分布“产生”成百上千的微观数据，对于这一方法更为具体的介绍参见 Shorrocks 和 Wan(2009 年)、万广华(2006 年)或者本书第 1 章第 4 节。

年鉴中有两类收入分组数据：一类是按照收入从低到高进行的五等分，并提供每组的平均收入水平；另一类是按照收入从低到高划分若干区间，并提供该收入区间的调查户数占总调查户的比重。我们利用年鉴中有限的分组数，按照每一年度每一省份的城乡逐一测算收入分布函数，对前者采用对数正态分布(log-normal distribution)，后者采用 Singh-Maddal 分布拟合分组数据[①]，并通过拟合的分布函数生成微观个体数据，在数据的生成过程中，各地区的城乡人口比例被用于“决定城镇和农村的样本体积，以保证所产生的样本中农村和城镇人口的比例与实际相一致”(万广华，2013 年)。经过上述处理，我们得到一个时间跨度为 1978—2015 年，覆盖全国以及 27 个省、自治区、直辖市[②]的城乡劳动者收入面板数据，包含个体为 651 个。

① 分别选择这两个分布函数去生成微观数据也是基于原始数据的特征，这两个函数具有较为可靠的性质，具体的优势见 Shorrocks 和 Wan(2009 年)以及张萌旭等(2013 年)。

② 因为农村分组数据的缺失，吉林(22)、山东(37)、海南(46)和宁夏(64)并未包括在内；同时，样本也未包含中国台湾地区、中国香港特别行政区和中国澳门特别行政区。

4.3.3 变量选取

4.3.3.1 不平等指标

虽然消费数据能够更好地反映人们的效用或者福利水平,大多数学者更倾向于使用消费数据衡量不平等(万广华,2008年),但是统计年鉴中按居民收入水平分组的消费数据存在较多缺失,从而以此构造出的不平等指标不利于全面考察其与产业结构变迁间的长期趋势,且消费数据的统计也并未全面包含人们的衣食住行,最低收入组和最高收入组在生活消费部分差距并不是很大,测算出的不平等指标并不科学。因此,本书重点关注收入不平等,选用城镇居民可支配收入和农村居民纯收入的分组数据测算收入不平等指标。而收入不平等的度量指标众多,包括传统的基尼系数、广义熵、Atkinson指标(Atkinson,1970年)以及变异系数等。

本章基于人工生成的微观数据求得基尼系数,选用基尼系数作为不平等的度量主要基于以下几点考虑:第一,基尼系数是国内外使用较多的相对指标,易于与其他文献比较;第二,它介于0和1之间,这可以有效减少回归分析中的异常值影响;第三,最为关键的是,基尼系数具有经济学含义,举例来说,按照分配公平准则来说,20%的人口应该拥有20%的财富,但是如果最为富有的群体占全国总人口的比例为20%,而他们的财富却达到全国的50%,这个扭曲30%(50%-20%)的差额即为基尼系数;同样的,20%的人口拥有50%的财富也就意味着剩下80%的人口得到全国财富的另外50%,而公平分配的话,他们可以获得80%,这个缺少的30%(80%-50%)差额也即基尼系数。

4.3.3.2 产业结构合理化

学界一般采用结构偏离度来度量产业结构合理化,该指标可以刻画要素投入和产出的耦合程度,公式为:

$$E = \sum_{i=1}^{n} \left| \frac{Y_i/L_i}{Y/L} - 1 \right|, \ i \in \{1, 2, 3\} \tag{4-2}$$

式(4-2)中:E 表示结构偏离程度;Y 代表国内生产总值;L 表示全国总就业;i 表示某一产业;n 为产业个数,当我们用三次产业划分国民经济结构的时候,n 取 3。式(4-2)表明,当经济达到均衡状态时(也即产业结构合理程度最理想的状态),各产业部分的生产率水平相同,即 $Y_i/L_i = Y/L$,此时,$E=0$,表示产业结构最为合理,而任一偏离了 0 值的正数均代表产业结构的不合理,这一数值越大越不合理。传统的结构偏离度能够反映资源的优化配置程度,也就是产业间的协调、耦合程度,一定程度上衡量了产业结构合理度。但是,正如干春晖等(2011年)所指出的,传统的结构偏离度是绝对指标,并且对于各产业的权重没有加以区分,这样就容易忽视各产业在经济发展过程中的重要程度,他们提出重新构造广义熵的方法去对产业结构合理度进行定义,具体的公式如下:

$$TL = \sum_{i=1}^{n} \left(\frac{Y_i}{Y} \right) \ln \left(\frac{Y_i}{L_i} / \frac{Y}{L} \right), \ i \in \{1, 2, 3\} \tag{4-3}$$

式(4-3)中:TL 代表产业结构合理化程度。式(4-3)表明,在测算产业结构合理度的过程中,各个产业部分没有被同等对待,而是以其产值占总产值比例为权重的加权平均。广义熵的方法可以将结构偏离度转化为相对指标,并且保留了结构偏离度的理论基础和经济含义,有很多文献应用这一方法,如王少平和欧阳志刚(2007 年)、干春晖等(2011 年)。同样地,当经济处于均衡状态时,按此方法定义的 TL 可以为 0;任何偏离了 0 的数值均代表了产业结构不合理,而 TL 数值越大代表经济越不合理。

4.3.3.3 产业结构高级化

对产业结构高级化的度量同样有多种方法,有根据克拉克定律采用非农业产值比重作为度量指标的(程莉,2014 年),也有使用第三产业产值与第二产业产值比值衡量的（干春晖等，2011 年），本章倾向于选择后者作为度量产业结构高级化的指标。一方面，中国经济进入"新常态"以来，以互联网技术为代表的信息化服务更为广泛地参与到了制造业生产过程中来，生产性服务业占整个服务业的比重逐步上升；另一方面，产出服务化趋势也越发明显，即制造业的全部产出中有相当一部分产品是服务产品，用于满足生产与消费中的服务需求。因此，第二和第三产业间的界限越发模糊，服务业与制造业的发展相互推动，工业化后期的"经济服务化"或者说"制造业服务化"特征明显。因此，本章借鉴干春晖等（2011 年）的方法，采用第三产业产值与第二产业产值之比衡量产业结构的高级化，能够更好地捕捉到产业结构变迁的"服务化"发展方向，具体公式如下：

$$TS = \frac{Y_3}{Y_2} \tag{4-4}$$

式（4-4）中：TS 代表产业结构高级化程度；Y_3 代表第三产业；Y_2 代表第二产业。TS 值越大，代表产业结构越高级。

4.3.3.4 其他变量

4.3.3.4.1 城镇化率

利用统计年鉴中城镇常住人口与总人口的比例构建城镇化指标。万广华（2013 年）通过理论和实际数据分析，认为城镇化率对收入差距的影响路径并不是线性的，而是一个"倒 U 型"的关系，因此，本章在检验产业结构和不平等间关系时，同时控制城镇化率与其二次项。

4.3.3.4.2 人力资本指标

采用统计年鉴中当地人口在读中等教育学生比例以及当地人口在读高等学生比例两个变量来衡量地区的人力资本情况。

4.3.3.4.3 进出口状况

分别控制进口总额、出口总额以及外商直接投资额（FDI），因为这一额度较大，故以万美元为单位并取对数处理。

4.3.3.4.4 政府的财政转移支付

由于年鉴中并没有具体的财政转移数据，因此，取政府对社会保障补助（救济款）与地区生产总值之比，作为财政转移支付给居民的钱款情况。

4.3.3.4.5 居民参保情况

利用居民参与养老保险以及失业保险的比例度量参保情况。

4.3.3.4.6 女性比例

用地区人口中女性比例控制性别差距带来的收入差距问题。

4.3.3.4.7 虚拟变量

除以上变量之外，在具体的回归中还需要控制地区效应、时间效应。具体的变量统计性描述如表 4-2 所示。

表 4-2 主要变量统计性描述

变量名	样本数	均值	标准差	最小值	最大值
基尼系数	638	0.405 00	0.093 80	0.155 000	0.806 00
产业结构合理化	638	0.230 00	0.135 00	0.012 000	0.726 00
产业结构高级化	638	0.879 00	0.417 00	0.278 000	3.658 00
城镇化率	638	0.429 00	0.168 00	0.111 000	0.896 00
女性比例	638	0.487 00	0.021 00	0.471 000	0.989 00
中等学生比例	620	0.005 53	0.002 11	0.000 128	0.010 20
高等学生比例	626	0.001 27	0.001 75	7.73×10^{-5}	0.009 54
进口额	635	12.460 00	2.255 00	5.403 000	17.580 00
出口额	635	12.940 00	1.967 00	7.240 000	18.060 00
外商直接投资	610	11.050 00	2.266 00	2.708 000	15.090 00
政府社会保障补助	416	0.004 08	0.005 86	1.67×10^{-7}	0.033 60
养老保险参与率	372	0.014 00	0.010 90	0.000 637	0.064 70
失业保险参与率	367	0.010 10	0.008 39	0.003 040	0.049 10

4.4 实证结果分析

4.4.1 全国的整体情况

由于全国的整体情况数据较少,只有 1978—2015 年的 38 个数据样本,添加过多的变量可能造成回归结果的混乱。因此,除了核心变量产业结构合理化、产业结构高级化、城镇化率以及女性比例被纳入回归方程(4-1),在全国的整体分析中并没有添加其他变量,具体的回归结果如表 4-3 所示。

表 4-3 产业结构变迁与收入差距(全国数据)

项目	(1)	(2)	(3)
	基尼系数	泰尔指数	基尼系数
产业结构合理化	0.459 7***	0.672 1***	0.056 4***
	(0.038 5)	(0.049 1)	(0.014 3)
产业结构高级化	0.005 5	−0.015 1	0.020 6***
	(0.030 5)	(0.043 5)	(0.006 6)
城镇化率	1.550 3***	1.734 3***	1.729 3***
	(0.152 1)	(0.215 6)	(0.250 9)
城镇化率二次项	−1.449 1***	−1.294 3***	−2.295 9***
	(0.186 9)	(0.252 6)	(0.168 2)
女性比例	3.905 1***	3.073 9*	4.045 4***
	(1.200 1)	(1.525 4)	(0.979 3)
常数项	−1.969 0***	−1.815 1**	−2.098 6***
	(0.585 3)	(0.743 2)	(0.472 5)
N	38	38	38
$adj.R^2$	0.940 7	0.954 9	0.943 4

注:①＊＊＊,＊＊,＊分别代表在 1%,5%,10%的显著性水平;②括号内为标准误。

表 4-3 的模型(1)至模型(3)采用的是最基本的最小二乘回归方法(OLS),有所区别的是,模型(1)的被解释变量是基尼系数,而模型(2)的被解释变量则换成了泰尔指数,模型(3)进一步用结构偏离度(E)来代表产业结构合理化,用非农产业与农业产值比例代表产业结构高级化①,被解释变量仍然是基尼系数,结果发现回归系数以及显著性十分稳健。产业结构合理化对收入差距具有积极的改善作用,合理化每提高 1 个百分点,基尼系数约可以下降 0.46 个百分点,这是十分巨大的贡献,实证也验证了一般经济理论有关产业合理化对收入差距的影响,也十分贴切中国改革开放后近 40 年的发展历程。而产业结构高级化则表现出不确定的结果,在用"服务化"指标时,产业结构高级化对收入差距的影响是不显著的,因此,没有证据表明产业结构高级化会增大不平等或者减少不平等;而当用传统的"配第-克拉克定律"去定义产业结构高级化,即用非农产业与农业产值之比时,产业结构高级化则显著增大了收入差距。而其他核心解释变量的回归结果也比较符合现实,例如,城镇化对收入分配呈现一种二次关系,即"倒 U 型"关系,这与万广华(2013 年)的发现一致。女性人口比例的增大也会提升收入不平等,也说明我们的劳动力市场仍然存在着性别歧视现象。而模型的拟合结果也较好,调整过的可决系数($adj.\ R^2$)达到了较高的 95%左右。

4.4.2 省际面板回归结果

仅仅使用全国的 38 年样本做回归毕竟可能存在样本少,相关性较强的偏误,因此,还有必要使用样本量更大的省际面板做回归②,这样结果才可能更加稳健,表 4-4 汇报了这一结果。

① 用传统方法度量的产业结构升级指标与基尼系数的散点图见附录 A。
② 各省、直辖市和自治区的年度产业结构与基尼系数的散点图见附录 B。

表 4-4　产业结构变迁与收入差距(省际面板)

项目	混合回归				FE	RE+聚类法	RE+刀切法
	(1)	(2)	(3)	(4)	(5)	(6)	(7)
产业结构合理化	0.374 3***	0.319 6***	0.272 4***	0.139 8***	0.139 8***	0.215 4***	0.215 4***
	(0.027 2)	(0.049 0)	(0.029 7)	(0.048 3)	(0.039 5)	(0.047 9)	(0.063 2)
产业结构高级化	0.070 5***	0.045 7***	0.031 8***	0.008 6	0.008 6	0.025 5**	0.025 5
	(0.009 3)	(0.009 1)	(0.007 3)	(0.011 9)	(0.009 8)	(0.012 8)	(0.027 5)
城镇化率	1.040 9***	0.730 1***	0.585 2***	0.221 5	0.221 5**	0.361 4**	0.361 4
	(0.091 6)	(0.093 9)	(0.073 7)	(0.136 7)	(0.099 1)	(0.156 5)	(0.231 7)
城镇化率二次项	−1.080 3***	−0.449 0***	−0.692 0***	−0.310 4*	−0.310 4***	−0.474 1***	−0.474 1*
	(0.107 4)	(0.110 6)	(0.075 3)	(0.155 2)	(0.103 2)	(0.153 7)	(0.238 3)
女性比例	0.199 2**	0.156 9**	0.150 6	0.039 4	0.039 4	0.075 6	0.075 6
	(0.080 0)	(0.073 7)	(0.104 0)	(0.033 1)	(0.107 9)	(0.061 0)	(1.123 8)
常数项	−0.058 0	−0.184 9***	−0.065 8	0.144 9***	0.199 3***	0.132 2***	0.132 2
	(0.043 8)	(0.041 3)	(0.062 1)	(0.042 3)	(0.060 0)	(0.044 0)	(0.549 6)
地区效应	否	是	否	是	是	是	是
时间效应	否	否	是	是	是	是	是
N	638	638	638	638	638	638	638
$adj.R^2$	0.465 9	0.610 4	0.636 8	0.678 6	0.407 2	0.430 4	0.430 4

注：①＊＊＊，＊＊，＊分别代表在1%，5%，10%的显著性水平；②括号内为标准误。

表4-4中的模型(1)至模型(4)为混合面板数据，分别控制地区、时间效应的结果，这一结果显示除个别结果的显著性与全国数据有所差距外，所有解释变量的系数方向均一致，这进一步验证了模型的稳健性，产业结构合理化可以显著缩小收入不平等，而高级化能够增大收入差距，但是这一效果并不确定，在控制了地区以及时间效果之后，这一因素又变得不显著了，可见在不同地区的不同经济发展周期内，产业结构高级化对收入分配是有所差异的，需进一步按照中国经济发展不同阶段考量两者间的关系。模型(5)是去除了省际个体效应的固定效应模型(fixed effect)，模型所用的面板数据具有一定的时间序列相关性，所以模型(6)按照地区进行聚类稳健标准误修正。虽然地区数据相对于全国数据来说已经非常大了，但是600多个数据仍属小样本，小样本下可以进一步考虑使用刀切法(jackkigfe)来考察稳健性，模型(7)汇报了这一结果。而在处理掉个体固定效应以及进一步的稳健性处理之后，模型依然拟合的较好，且核心解释变量的系数没有发生变化。

4.4.3 内生性处理

考虑到仅仅只是选用核心数据进行回归会存在缺失变量的问题，有可能带来内生性问题。那些缺失的变量既可能影响了收入分配的结果，也可能同时影响产业结构的变化。因此，本章通过以下两种方式解决内生性问题：

第一，考虑加入尽可能多的其他控制变量来消除这一影响，如加入地区人力资本情况、进出口情况、外商直接投资情况、参加社会保险情况，政府对社会保障补助情况。

第二，考虑到滞后期的收入差距与当前的收入差距有很强的自相关性[①]，也就是说，模型忽略了这一变量的惯性，当这一缺失变量存在于扰动项中，就会导致缺失变量带来的偏误；同时，已有部分研究指出

① 用当期的不平等指标对其滞后期做回归发现，回归系数达到0.72且显著。

(罗军,2008年;殷凤,2013年),收入不平等有可能通过影响消费结构的变化影响产业结构的变化,这是值得思考的一个双向影响的问题,即收入差距也可能影响产业结构的变迁。但是,缺失的上一期的收入分配状况即使能够影响产业结构的变迁,笔者认为也不可能是一蹴而就的,生产对消费需求的反映是需要时间的,特别是在更为宏观的三次产业结构层面,三次产业结构的调整受这一影响也是滞后的,所以接下去的回归把收入不平等的滞后期添加到解释变量中去,可以同时解决了缺失变量以及双向因果带来的内生性问题。具体的回归结果如表4-5所示。

表4-5 产业结构变迁与收入差距(内生性处理)

项目	(1)	(2)	(3)
产业结构合理化	0.221 7***	0.160 5***	0.160 5***
	(0.050 1)	(0.031 3)	(0.054 4)
产业结构高级化	0.001 1	0.004 6	0.004 6
	(0.012 0)	(0.009 3)	(0.012 1)
城镇化率	0.460 4*	0.291 5	0.291 5
	(0.236 8)	(0.202 6)	(0.177 2)
城镇化率二次项	−0.495 6**	−0.334 8	−0.334 8**
	(0.231 0)	(0.196 1)	(0.162 5)
女性比例	1.951 3**	1.610 0**	1.610 0**
	(0.808 6)	(0.617 5)	(0.659 1)
中等学生比例	2.406 0	1.781 2	1.781 2
	(3.468 1)	(2.722 9)	(2.387 2)
高等学生比例	−4.535 2	−4.132 2*	−4.132 2
	(2.994 7)	(2.255 0)	(2.504 9)
出口额度	−0.009 0	−0.007 5	−0.007 5
	(0.005 9)	(0.004 6)	(0.008 2)

(续表)

项目	(1)	(2)	(3)
进口额度	0.009 3	0.007 8	0.007 8
	(0.008 4)	(0.006 2)	(0.007 7)
外商直接投资额度	−0.012 6*	−0.008 3	−0.008 3*
	(0.006 4)	(0.005 4)	(0.004 8)
政府社会保障补助	−0.707 8	−0.427 9	−0.427 9
	(2.149 2)	(1.724 4)	(1.518 2)
养老保险比例	−0.550 0	−0.516 4	−0.516 4
	(0.872 8)	(0.743 1)	(1.097 1)
失业保险比例	−0.021 7	−0.012 6	−0.012 6
	(1.622 1)	(1.172 9)	(1.343 3)
滞后1期基尼系数		0.287 4**	0.287 4***
		(0.114 1)	(0.097 5)
常数项	−0.659 8	−0.566 6*	−0.566 6*
	(0.390 3)	(0.288 4)	(0.317 4)
地区效应	是	是	是
时间效应	是	是	是
N	304	300	300
$adj.R^2$	0.562 4	0.606 3	0.606 3

注:① ***, **, * 分别代表在1%, 5%, 10%的显著性水平;②括号内为标准误。

表4-5中的模型(1)是增添了其他控制变量的结果,可以发现,产业结构合理化和高级化的系数均比较前文回归结果更加小了,但方向以及显著性并没有改变,这说明我们的回归结果较为稳健,中国产业结构的变迁历程较为符合经典理论的描述,产业结构合理化有效地抑制了收入差距的扩大,而产业结构高级化的影响并不明朗。有意思的是,在其他变量中,也存在着缩小收入差距的因素,比如,在校大学生比例越高,越有利于减少收入差距,通过大学生比例衡量高技能人才的

结果表明，一国的人力资本质量的提高有助于减少收入差距；其他像出口额、外商直接投资、政府对社保的补助、居民参与养老保险以及失业保险等，都能改善收入分配的不平等性，但是这些结果并不显著，可能与数据量过少有关。而表 4-5 的模型(2)和模型(3)是加入了基尼系数滞后一期的回归，其中模型(2)用的是聚类稳健，模型(3)是刀切法，加入了滞后一期的结果与没有加入的时候完全一致。

4.4.4 分经济发展阶段回归

上文的分析中，产业结构高级化的结果一直并不明确，可能是不同经济发展时期的调整变化并不一致，因此，有必要分经济发展的不同阶段对模型进行重新考量。依照本章第 2 节梳理的中国产业结构调整的不同发展阶段，本节在 1978—1984 年、1985—1992 年、1993—2000 年、2001—2008 年以及 2009—2014 年五个阶段分别进行回归①，回归结果如表 4-6 所示。

表 4-6 产业结构变迁与收入差距(分阶段回归)

项目	(1)	(2)	(3)	(4)	(5)
	1978—1984	1985—1992	1993—2000	2001—2008	2009—2014
产业结构合理化	1.853 6***	0.259 5***	0.335 9***	0.196 8***	0.124 0***
	(0.259 6)	(0.067 4)	(0.068 3)	(0.030 6)	(0.038 5)
产业结构高级化	0.345 7***	0.025 0**	0.113 0***	0.003 1	−0.010 7*
	(0.056 9)	(0.011 4)	(0.021 9)	(0.011 3)	(0.006 0)
城镇化率	10.556 2***	0.684 3***	1.162 7***	0.334 4**	0.294 3
	(0.969 9)	(0.186 5)	(0.259 3)	(0.130 2)	(0.245 1)
城镇化率二次项	−11.935 7***	−0.929 4***	−1.329 0***	−0.400 2***	−0.312 1
	(1.000 0)	(0.245 6)	(0.276 3)	(0.122 5)	(0.201 8)

① 因为分阶段回归需要用到全样本，而有些控制变量在有些年份并没有记录，因此，在这部分回归里只添加所有年份均存在的解释变量。

（续表）

项目	(1)	(2)	(3)	(4)	(5)
	1978—1984	1985—1992	1993—2000	2001—2008	2009—2014
女性比例	14.802 4***	1.396 8**	0.822 2	0.718 2	0.038 1
	(0.782 8)	(0.603 3)	(0.773 7)	(0.818 5)	(0.031 8)
滞后 1 期基尼系数	0.317 3***	0.152 4	−0.026 0	0.243 5**	0.289 3*
	(0.034 9)	(0.134 4)	(0.144 6)	(0.114 9)	(0.140 2)
常数项	−9.744 6***	−0.634 6**	−0.312 0	−0.146 6	0.492 4***
	(0.684 3)	(0.288 4)	(0.373 9)	(0.387 4)	(0.110 8)
地区效应	是	是	是	是	是
时间效应	是	是	是	是	是
N	11	118	186	170	123
$adj.R^2$	0.846 5	0.562 6	0.518 3	0.576 6	0.443 9

注：①＊＊＊，＊＊，＊分别代表在1%，5%，10%的显著性水平；②括号内为标准误。

通过表 4-6 可以清晰地发现，中国的产业结构合理化在每一个阶段都对收入分配有正面的作用，而产业结构高级化在改革开放至中国加入 WTO 之间对收入差距一直是负面作用，再之后变得不显著，而当中国经历了 2008 年的全球金融危机之后，经济发展“服务化”特征显著，经济增长动力朝着创新驱动转变之后，“新常态”中的产业结构升级对收入分配亦表现出了显著的正面效果。

4.5 稳健性检验

4.5.1 变换变量的计算方法

在本章第 3 节的变量选取中介绍了传统方法对产业结构合理化以及产业结构高级化的度量，前者是采用的结构偏离度指标(E)，后者根据“配第-克拉克”定义的非农产业产值（第二和第三产业的加总）与农业产值之比衡量。在稳健性分析中，现在改变这些解释变量，并用泰尔指数来表示收入差距，重新对表 4-5 进行回归，结果如表 4-7 所示。

表 4-7　稳健性检验一(转换变量计算方法)

项目	(1)	(2)	(3)
	泰尔指数	泰尔指数	泰尔指数
产业结构合理化	0.088 4***	0.091 0***	0.091 0**
	(0.018 4)	(0.027 3)	(0.045 0)
产业结构高级化	0.002 6	0.002 8	0.002 8
	(0.001 6)	(0.002 0)	(0.002 4)
城镇化率	2.819 4***	2.904 1**	2.904 1**
	(0.947 8)	(1.351 6)	(1.392 9)
城镇化率二次项	−2.574 7***	−2.656 1**	−2.656 1**
	(0.875 9)	(1.223 4)	(1.224 6)
女性比例	3.568 5**	3.591 3*	3.591 3*
	(1.693 2)	(1.798 1)	(1.992 8)
中等学生比例	2.292 8	2.666 5	2.666 5
	(6.725 7)	(6.689 1)	(6.790 4)
高等学生比例	−11.871 3*	−13.191 1	−13.191 1
	(6.889 1)	(7.770 4)	(8.123 7)
出口额度	−0.014 6	−0.014 6	−0.014 6
	(0.015 6)	(0.015 8)	(0.031 2)
进口额度	0.016 3	0.017 5	0.017 5
	(0.015 6)	(0.015 8)	(0.027 2)
外商直接投资额度	−0.029 0**	−0.029 9**	−0.029 9**
	(0.012 4)	(0.014 0)	(0.012 4)

(续表)

项目	(1)	(2)	(3)
	泰尔指数	泰尔指数	泰尔指数
政府社会保障补助	0.896 6	0.806 7	0.806 7
	(4.528 2)	(4.582 9)	(3.684 2)
养老保险比例	−2.063 5	−2.225 8	−2.225 8
	(1.662 9)	(1.832 0)	(2.421 9)
失业保险比例	−4.130 0	−4.389 5	−4.389 5
	(4.027 1)	(4.508 5)	(5.709 4)
滞后 1 期基尼系数		−0.008 8	−0.008 8
		(0.129 7)	(0.139 2)
常数项	−2.023 3**	−2.062 6**	−2.062 6*
	(0.853 8)	(0.950 2)	(1.092 8)
地区效应	是	是	是
时间效应	是	是	是
N	304	300	300
$adj.R^2$	0.351 6	0.353 1	0.353 1

注:① * * *，* *，* 分别代表在 1%，5%，10%的显著性水平;②括号内为标准误。

表 4-7 与表 4-5 除了在回归系数的大小上有所差异,其余均没有发生改变,这说明本文的回归较为稳健。即使按照大多数学者所用的方法去定义产业结构的变迁,产业结构的合理性会给收入不平等带来正面的作用;而产业结构的高级化则并没有显著的影响。

4.5.2 分东部、中部以及西部区域

由于中国区域间的发展很不均衡,特别是在产业发展结构以及规模上,有一个落后或者劳动密集型产业向中西部转移的趋势,因此,中西部的产业结构调整的步伐可能较为缓慢,有必要进一步考量中国区域间的异质性可能给回归结果带来的不同变化。按照中国区域划分

标准，将样本分为东部、中部以及西部[①]分别进行回归，结果发现分区域的回归结果仍然同基本回归结果保持一致，这进一步强化了基本回归结果的稳健性，具体的结果如表4-8所示。

表4-8　稳健性检验二(分区域回归)

项目	(1)	(2)	(3)
	东部地区	中部地区	西部地区
产业结构合理化	0.298 9***	0.230 8***	0.184 5**
	(0.051 3)	(0.051 2)	(0.060 7)
产业结构高级化	0.001 0	0.034 3	0.008 3
	(0.008 4)	(0.022 3)	(0.017 2)
城镇化率	0.330 4*	1.093 2***	0.722 2**
	(0.161 7)	(0.195 7)	(0.255 0)
城镇化率二次项	−0.377 1**	−1.438 0***	−0.924 7**
	(0.147 6)	(0.271 4)	(0.300 0)
女性比例	−0.033 6**	2.377 8*	2.652 0***
	(0.014 1)	(1.033 2)	(0.730 2)
滞后1期基尼系数	0.237 0**	0.064 9	0.181 9
	(0.095 0)	(0.171 4)	(0.146 7)
常数项	0.093 2*	−1.114 6*	−1.137 0***
	(0.048 1)	(0.491 1)	(0.338 6)
地区效应	是	是	是
时间效应	是	是	是
N	245	168	195
$adj.R^2$	0.678 0	0.557 3	0.348 8

注：①＊＊＊，＊＊，＊分别代表在1%，5%，10%的显著性水平；②括号内为标准误。

① 东部地区包括北京(11)、天津(12)、河北(13)、辽宁(21)、上海(31)、江苏(32)、浙江(33)、福建(35)、广东(44)；中部地区包括山西(14)、黑龙江(23)、安徽(34)、江西(36)、河南(41)、湖北(42)、湖南(43)；西部地区包括内蒙古(15)、广西(45)、重庆(50)、四川(51)、贵州(52)、云南(53)、西藏(54)、陕西(61)、甘肃(62)、青海(63)、新疆(65)。

4.6 本章小结

4.6.1 研究结论

产业结构升级和收入分配在各自领域都是重要的问题,马克思主义经济学在阐述社会再生产的时候,将这一过程理解为"生产、分配、交换、消费"的有机过程,产业结构是生产、供给侧的问题,收入分配则关系到了剩下的"分配、交换和消费"三个环节,是需求侧的问题。因此,产业结构与收入分配间的关系问题也就显得尤为重要,对这一关系的回答直接关系到社会再生产的运行状况。然而已有的研究不是对收入分配的测算过于模糊,就是对产业结构优化定义不全面,还有些研究则过多探讨城乡发展对收入差距的影响,劳动者一次分配所获收入的源头——产业——却过少涉及。本章弥补上述缺陷,首先,通过统计年鉴中各省收入分组数据生成年度的劳动者收入微观数据,在此基础上测算基尼系数,得到更为科学的不平等指标;其次,在产业结构优化指标方面,分为产业结构合理化与产业结构高级化两个维度;最后,本章通过多种形式的实证方法围绕产业结构变迁与收入不平等间的关系展开研究,切实回答了产业发展历程中的收入分配问题。研究结论主要有:

第一,在基本的回归结果中,无论是全国年度数据,还是各省份区域数据,无论是以核心变量为主参与回归,还是增加更多控制变量,研究发现产业结构合理化对收入分配具有积极的正面作用,即产业结构越合理,收入分配也越合理;而产业结构高级化则无显著影响。这一发现在用聚类稳健以及刀切法修正后依然稳健,在处理了可能的内生性问题以及在变换变量的测算方法、分区域回归后均和基本结论保持一致,研究结论较为稳健。

第二,由于产业结构高级化在没有控制时间趋势和地区效应时,反而对收入差距有负面的影响，因此本书进一步检测了中国经济发展不同阶段两者间的关系。得出产业结构合理化依然对收入差距有正面效果，而不同阶段的产业结构高级化则有不同的显著作用。具体的表现是，在改革开放初的经济体制改革调整探索阶段（1978—1984年）、经济体制改革全面推进阶段（1985—1992年）以及市场经济体制建立阶段（1993—2000年），产业结构高级化都是推动我国基尼系数一度走高的因素；而在中国加入WTO之后的两个时期，市场经济体制完善阶段（2001—2008年）以及后金融危机阶段（2009—2015年），产业结构高级化对收入差距的作用在逐步转变，到了后“金融危机时代”，产业结构高级化也在显著降低收入不平等。

4.6.2 政策启示

本章的研究结论有助于我们厘清产业结构对收入分配的影响作用，在产业结构政策方面做出调整以达到缩小收入差距的目的，通过产业结构转型的视角，为精准扶贫工作的开展提供政策启示：

第一，继续稳步推进三次产业协调发展。当前整个中国进入“新常态”，产业发展模式更多地需要通过创新驱动，这不仅仅是对工业的要求，农业现代化、现代服务业的发展都需要引入创新。结合当前的“农业供给侧改革”“工业反哺农业”以及“信息化促进工业发展”等三次产业内部的发展政策，国家相关部门需引导、培育更多的新产业和新业态，创造更多的就业岗位；同时，大力培育各行业的高素质产业工人队伍，提升各自产业的劳动生产率，这样才能进一步提升我国产业结构的合理程度，缩小劳动者间的收入差距。

第二，继续完善市场经济体制，深化改革、扩大开放，让市场在资源配置方面起决定性作用。20世纪末至21世纪初，当时的收入分化严重，有些声音说是“市场经济”改变了收入状况。诚然，本书的研究结论也是如此，在改革开放到中国加入WTO这段时期内，我国的基尼系数不断跃升，产业结构是起到推动作用的，一时间市场经济的负外部效应受到各方面指责，其在收入分配领域所起到的“破坏性大于了创造性”。我们应该看到，自改革开放初期以来，农村、城市都进行了经济体制改革，收入差距的扩大也跟一些行政体制改革落后有关。比如，户籍制度对劳动力市场的分割，城市务工人员融入不进城市，产业结构升级也只是进一步放大这一分割的负面效果，造成了更为严重的收入分化。但是，随着改革的不断深化，我国市场经济逐步完善，并积极参与全球市场分工（以加入 WTO 为界），产业结构高级化对收入分配的作用开始悄然改变，特别是最近几年，已经在改善收入差距方面起到了作用。这说明让市场经济起决定作用，加之深化行政体制等政治改革，破除行政壁垒，产业结构高级化也能发挥其创造性，从而改善收入分配。因此，各地方政府应该坚定不移地深化改革，同时“简政放权”，紧跟新时代发展趋势，积极促进产业结构升级，从而提高人民群众的生活水平。

5 行业出口强度与收入差距

5.1 引言

收入分配问题是经济学界长期研究的热点话题，尤其是改革开放以来，中国的经济发展取得了高速增长的成绩，但随之而来的是收入差距的不断扩大，严重的不平等往往被上升为不公平，而如果有相当比例的人感受到不公平时①，与之相关的不平等就会带来犯罪、骚乱甚至暴动(万广华，2008 年)。虽然不能说过大的收入差距是改革开放的必然产物，但是这一现象的出现引发了越来越多的学者开始探索其背后可能的传导机制。例如，教育对个人收入差异的影响(李实和丁赛，2003 年；岳昌君，2004 年；周亚虹、许玲丽和夏正青，2010 年)；城乡间的收入差距问题(蔡昉，2003 年；陆铭和陈钊，2004 年；邢春冰，2008 年)。而近年来，众多的学者开始关注剔除劳动力个体特征后，又是什么因素在影响收入差距，即使是条件相同的人，可能也有巨大的收入差距。人们开始思考，这种社会分化可能是由产业本身的结构性因素造成的，包括行业间收入差距和行业内收入差距。本书的第 4 章从三次产业结构的视角出发，研究了其与收入差距的关系，本质上仍然是

① 一个不可否认的事实是，中国的不平等程度正变得日益严重，远远超过了其他国家具有相当发达程度时的平均数。这不仅将会影响经济的健康发展，也可能造成严重的社会问题。作者利用《中国家庭追踪调查》(CFPS)问卷调查数据分析，2012 年中国居民最关心的社会问题，前三位分别是贫富差距、政府廉政和就业问题，这其中有两个和收入相关，其中贫富差距排名第一，而和收入有关的就业问题也排在第三。

在一国宏观层面解释产业间的结构是如何影响收入不平等的，仍然属于产业间收入差距的范畴。本章则将研究视角转移到中国工业行业上来，探求更为具体的行业出口强度与行业内部工资性收入差距的关系。对于产业工人来说，工资性收入占其总收入的绝大部分，是一次分配的结果，所以有必要深入研究一次分配给劳动者带来的工资差距问题。已有很多研究对行业间的收入差距问题进行了深入而全面的探讨（张车伟和薛欣欣，2008 年；陈钊、万广华和陆铭，2010 年；王天夫和崔晓雄，2010 年；岳希明、李实和史泰丽，2010 年；岳希明和蔡萌，2015 年）。但是，对行业内部的收入差距问题则涉及不多，本章更多的是探究行业内的收入差距问题。

研究群组内部的收入差距问题回避不了群体间的收入差异，而基于明瑟工资方程（Mincer，1974 年）的分析在解释收入差异时，更多是在强调个体异质性对收入的影响。但是，由个体特征导致的组间不平等（between-group inequality）只能够解释部分收入不平等[①]，仍然有一部分的差距不能通过组间差距来解释，所以学者们对于收入不平等的测度开始转向组内不平等（within-group inequality）。所谓组内不平等，也称残差不平等（residual inequality），在一个标准的明瑟工资方程中，工资是个人特征（教育水平、年龄、经验、性别等）以及随机扰动项的函数，其对被解释变量的贡献由可决系数（R^2）反映，那些不能由可观测的个人特征解释的部分为工资残差，由数学式子表达为实际观测值与方程拟合值的差，而残差的方差（也可以用 90 分位与 10 分位之比、变异系数等）可以反映残差项的分布特征，即为残差不平等。

有关组内差距的研究始于 Juhn、Murphy 和 Pierce（JMP，1993 年），他们发现工资残差不平等是解释总体收入不平等的主要原因。既然残差是导致收入不平等的主要原因，那么，在不可观测的特征中，又是什么因素导致了这一结果，后续的发展使得工资不平等研究向两个

① 例如，文章后面明瑟回归的可决系数（R^2）在 0.31～0.42。

方向扩展。第一,不可观测技能回报导致的价格效应(price effect);第二,特征结构变化引起的结构效应(composition effect)。大多数前期的研究支持价格效应是导致美国等发达国家组内收入不平等加剧的主要原因(JMP, 1993 年; Katz 和 Autor, 1999 年; Acemoglu, 2002 年; Card 和 DiNardo, 2002 年; Autor 、Katz 和 Kearney, 2005 年)。而支持结构效应是导致不平等扩大的文献也有许多。例如,Lemieux (2004 年)基于美国家庭调查数据的研究发现,在控制了个体特征之后,结构效应是美国过去 20 年间组内收入上升的主要原因;Lemieux (2006 年)得到了类似的结论。尽管国外文献对于劳动力工资残差不平等的研究丰富,但是中国这方面的研究并不多。邢春冰和李实(2010 年)利用中国家庭收入调查(CHIP)数据发现,影响组内差距扩大的主要原因是价格效应;徐舒和朱南苗(2011 年)得到了同样的结论,他们认为结构效应对残差方差的影响较小;魏下海、董志强和温伟华(2012 年)利用中国家庭健康调查(CHNS)数据分解出技能回报、结构分布对中国农村劳动者工资残差不平等的效应,其中技能回报引致的价格效应是中国农村收入不平等持续扩大的主要原因,结构效应的影响则相对较小。

虽然对于中国的研究发现,价格效应是工资残差不平等变化的主要因素,但又是什么因素在影响价格效应呢?本章基于 Helpman、Itskhoki 和 Redding(HIR, 2010 年)的理论,利用《中国综合社会调查数据》(CGSS, 2003—2013 年),从全球化导致的产业内贸易结构变化出发,探讨中国工业出口强度对工资残差不平等的影响。以往的研究过多强调行业间的差距,而残差不平等的测算弥补了以往研究对工业行业内部结构变化(对外依存度、劳动力构成等)的忽略;本章的另一贡献在于将行业数据与微观调查数据匹配,这几乎可以有效解决回归过程的内生性问题,因为一个行业的出口强度并不会因为该行业的不平等程度而有所改变,所以不存在所谓的双向因果问题。本章剩余内容安排如下:第 2 节简要介绍理论假说与计量方法;第 3 节描述数据与变量；第 4 节报告实证结果；第 5 节为进一步讨论，出口可能通过何种途径影响了不平等程度；最后为总结和政策启示。

5.2 理论基础与计量策略

5.2.1 理论基础

大量的经验事实发现出口企业相对于非出口企业来说有工资溢价（金祥荣、刘振兴和于蔚，2012 年；马述忠和王笑笑，2015 年），Bernard 和 Jensen（1999 年）认为，出口企业的生产率优势能获得更多利润，因而支付更高的工资。HIR（2010 年）在 Melitz（2003 年）的基础之上构建了一个出口与异质性企业工资差距关系的分析框架，从而在理论上将行业内部的工资分布与贸易联系在了一起。与 Melitz（2003 年）的结论一致，HIR（2010 年）模型也认为生产率更高的企业会雇佣更多的工人。不同之处是，Melitz（2003 年）认为，同一行业内部的企业工资一样，而 HIR（2010 年）加入了一个具有摩擦的（friction）劳动力要素市场，不同生产率的企业需要经过搜寻和匹配两个步骤选择相应能力的工人，其结果是：生产率高的企业雇佣能力高的员工，并支付更高的工资。因此，当开放经济时，只要行业内不是全部企业均出口，那么行业内的收入不平等会比封闭经济时更大。然而，随着开放程度的扩大，进入出口市场的是行业内具有高效率的企业，当出口企业的比例较小的时候，如果出口企业比例进一步增加（开放程度扩大），那么这部分增加的企业会支付较高的工资，使得原来行业内就业人员的收入分布更加离散，从而会加剧工资不平等；相反，当出口企业比例较大的时候，出口企业比例的再次增加则会缓解不平等，因为此时支付低工资企业的比例在减少，收入的分布更为集中。下面通过具体的模型展示这一思想，该模型与第 3 章模型均基于异质性企业模型，不同之处在于第 3 章为封闭经济中引入产业政策变量，而本章的模型则是在开放经济条件下，探讨行业内收入分布的特征。

首先，世界由本国和外国构成(用带星号的上标表示外国)，仍然假定市场中存在消费者和企业两个主体，与 Melitz(2003 年)的设定一样，异质性企业在垄断竞争行业中生产差异化产品，假定差异化产品的真实消费指数 Q 采取 CES 形式，即：

$$Q=\left[\int_{j\in J}q\ (j)^{\beta}\mathrm{d}j\right]^{1/\beta},\ 0<\beta<1 \tag{5-1}$$

式(5-1)中：j 代表差异化产品；J 是行业产品的集合；$q(j)$ 表示对产品 j 的消费；β 则表示产品间满足常替代弹性。消费者在收入约束下购买不同的产品去最大化其效用，即：

$$\mathrm{Max}\,U=\left[\int_{j\in J}q\ (j)^{\beta}\mathrm{d}j\right]^{1/\beta}s.\,t.\int_{j\in J}p(j)q(j)\mathrm{d}j\leqslant E \tag{5-2}$$

那么，企业 j 的逆需求函数为：

$$p(j)=E^{1-\beta}P^{\beta}q\ (j)^{-(1-\beta)} \tag{5-3}$$

式(5-3)中：$U=Q$ 为消费者效用；$p(j)$是产品 j 的价格；$E=PQ$ 为行业总消费额；P 则表示差异化产品的总价格指数，具体表达式如下：

$$P\equiv\left[\int_{j\in J}p\ (j)^{-\beta/(1-\beta)}\mathrm{d}j\right]^{-(1-\beta)/\beta} \tag{5-4}$$

因此，企业的总收益为：

$$r(j)=p(j)q(j)=Aq\ (j)^{\beta},\ A=PQ^{1-\beta} \tag{5-5}$$

式(5-5)中：$r(j)$为企业通过销售产品所获销售总收益。同样的，产品市场依照 Melitz(2003 年)的设定。θ 代表企业的生产率水平，为了简单起见，并体现异质性企业特征，本章用 θ 代替 j 来表示具有不同生产率的企业。潜在的企业 θ 要想进入，需支付 $f_e>0$ 的成本；生产率 θ 服从如下帕累托分布：

$$G_{\theta}(\theta)=1-\left(\frac{\theta_{\min}}{\theta}\right)^{z},\ \theta\geqslant\theta_{\min}\geqslant 0 \tag{5-6}$$

一旦企业观测到了自己的生产率，那么他需要做出退出生产或仅仅供应国内市场(f_d)或同时服务国内外(f_d+f_x)两个市场的决定，而服务国外市场将会产生冰山成本 τ, $\tau>1$。

本章的生产函数为：

$$y=\theta h^{\gamma}\bar{\alpha},\ 0<\gamma<1 \tag{5-7}$$

式(5-7)中：h 代表企业雇佣的人数；$\bar{\alpha}$ 为雇佣员工的平均能力。劳动力的技能也服从帕累托分布，即：

$$G_{\alpha}(\alpha)=1-\left(\frac{\alpha_{\min}}{\alpha}\right)^{k},\ \alpha\geqslant\alpha_{\min}\geqslant 0,\ k>1 \tag{5-8}$$

企业在雇佣员工的过程中存在搜寻与匹配的摩擦，根据标准的DMP方法，设搜寻 n 个劳动力的成本为 nb；而从 n 个员工中找出 h 个与企业匹配也需要支付一个筛选成本 $c\alpha_c^{\delta}/\delta$, $c>0$, $\delta>0$。企业需要从 n 个人中雇佣能力大于 α_c 的员工，那么企业雇佣人数为：

$$h=n(\alpha_{\min}/\alpha_c)^{k} \tag{5-9}$$

这 h 人的平均能力为：

$$\bar{\alpha}=k\alpha_c/(k-1) \tag{5-10}$$

那么，由式(5-7)、式(5-9)、式(5-10)，企业 θ 的生产函数可以重新写为：

$$y(\theta)=\sigma_y\theta n^{\gamma}\alpha_c^{1-\gamma k},\ \sigma_y\equiv\frac{k}{k-1}\alpha_{\min}^{\gamma k} \tag{5-11}$$

如果企业选择出口，那么为了使得利润最大化，他们必然使边际收益在国内、国外两个市场上相等，即：

$$[y_x(\theta)/y_d(\theta)]^{1-\beta}=\tau^{-\beta}(A^*/A) \tag{5-12}$$

企业的总收益就可以表示为:

$$r(\theta)\equiv r_d(\theta)+r_x(\theta)=T(\theta)^{1-\beta}Ay\,(\theta)^{\beta} \tag{5-13}$$

其中:

$$T(\theta)\equiv 1+I_X(\theta)\tau^{-\frac{\beta}{1-\beta}}\left(\frac{A^*}{A}\right)^{1/(1-\beta)} \tag{5-14}$$

假如企业 θ 出口,那么 $I_X(\theta)$ 等于 1,否则为 0。

和第 3 章一样,本章沿用 Stole 和 Zwiebel(1996 年)的设定分配企业总收益 $r(\theta)$,企业和雇员讨价还价博弈的结果是以 $1/(1+\beta\gamma)$、$\beta\gamma/(1+\beta\gamma)$ 分割企业的销售收益。最后,根据企业和员工对收益的分割,可以写出企业的目标利润函数 $\pi(\theta)$,联合式(5-11)、式(5-13)、式(5-14),企业利润最大化问题表示为:

$$\pi(\theta)\equiv\max_{\substack{n\geqslant 0,\\ \alpha_c\geqslant\alpha_{\min},\\ I_X\in\{0,1\}}}\left\{\begin{array}{l}\dfrac{1}{1+\beta\gamma}\left[1+I_X\tau^{-\frac{\beta}{1-\beta}}\left(\dfrac{A^*}{A}\right)^{\frac{1}{1-\beta}}\right]^{1-\beta}\\ \times A\,(\rho_y\theta n^{\gamma}\alpha_c^{1-\gamma k})^{\beta}-bn-\dfrac{c}{\delta}\alpha_c^{\delta}-f_d-I_Xf_X\end{array}\right\} \tag{5-15}$$

这样,企业需要选择是否生产(n,α_c),是否出口 I_X,是否出口的选择依据如下:

$$T(\theta)=\begin{cases}1, & \theta<\theta_X\\ T_X, & \theta\geqslant\theta_X\end{cases} \tag{5-16}$$

其中:

$$T_X\equiv 1+\tau^{-\frac{\beta}{1-\beta}}\left(\frac{A^*}{A}\right)^{\frac{1}{1-\beta}}>1 \tag{5-17}$$

最后，由式(5-15)计算企业利润最大化的一阶条件：

$$\frac{\beta\gamma}{1+\beta\gamma}r(\theta)=bn(\theta) \tag{5-18}$$

$$\frac{\beta(1-\gamma k)}{1+\beta\gamma}r(\theta)=c\alpha_c(\theta)^{\delta} \tag{5-19}$$

由上文可知，企业工资占总收入的 $\beta\gamma/(1+\beta\gamma)$，那么：

$$w(\theta)=\frac{\beta\gamma}{1+\beta\gamma}\frac{r(\theta)}{h(\theta)}=b\frac{n(\theta)}{h(\theta)}=b\left[\frac{\alpha_c(\theta)}{\alpha_{\min}}\right]^k \tag{5-20}$$

而均衡收益函数为：

$$r(\theta)=\sigma_y\left[c^{-\frac{\beta(1-\gamma k)}{\delta}}b^{-\beta\gamma}T(\theta)^{(1-\beta)}A\theta^{\beta}\right]^{1/\Gamma} \tag{5-21}$$

企业均衡利润即可表示为企业收益与生产、出口成本的函数：

$$\pi(\theta)=\frac{\Gamma}{1+\beta\gamma}r(\theta)-f_d-I_X(\theta)f_X,\ \Gamma=1-\beta\gamma-\frac{\beta}{\delta}(1-\gamma k)>0 \tag{5-22}$$

由式(5-21)、式(5-22)可以求得企业在国内、国外两个市场销售的阈值 f_d、f_x 为：

$$\frac{\Gamma}{1+\beta\gamma}\sigma_r\left[c^{-\frac{\beta(1-\gamma k)}{\delta}}b^{-\beta\gamma}A\theta_d^{\beta}\right]^{1/\Gamma}=f_d \tag{5-23}$$

$$\frac{\Gamma}{1+\beta\gamma}\sigma_r\left[c^{-\frac{\beta(1-\gamma k)}{\delta}}b^{-\beta\gamma}A\theta_x^{\beta}\right]^{1/\Gamma}\left[T_X^{(1-\beta)/\Gamma}-1\right]=f_x \tag{5-24}$$

在均衡解处，同时要求进入条件成立，即企业进入生产领域后，期望利润与沉没成本需相等：

$$f_d\int_{\theta_d}^{\infty}\left[\left(\frac{\theta}{\theta_d}\right)^{\frac{\beta}{\Gamma}}-1\right]\mathrm{d}G_\theta(\theta)+f_x\int_{\theta_x}^{\infty}\left[\left(\frac{\theta}{\theta_x}\right)^{\frac{\beta}{\Gamma}}-1\right]\mathrm{d}G_\theta(\theta)=f_e \tag{5-25}$$

再根据式(5-20)至式(5-25)，我们可以求解出均衡的企业工资水平：

$$w(\theta)=T(\theta)^{k(1-\beta)/\delta\Gamma}w_d\left(\frac{\theta}{\theta_d}\right)^{\beta k/\delta\Gamma},\ w_d\equiv b\left[\frac{\beta(1-\gamma k)}{\Gamma}\frac{f_d}{ca_{\min}^{\delta}}\right]^{k/\delta} \tag{5-26}$$

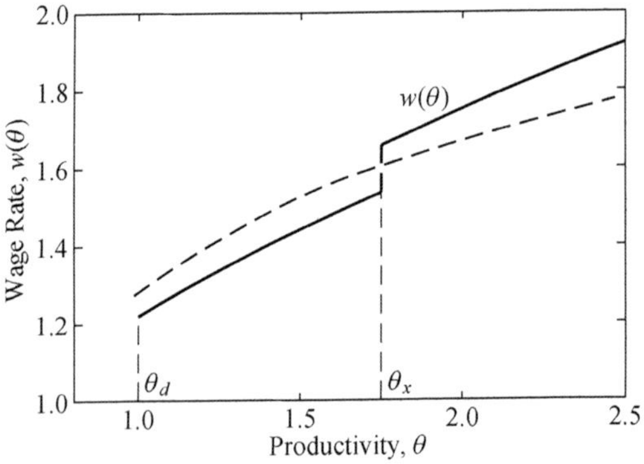

图 5-1　工资作为生产率的函数

资料来源：HIR(2010年)，Econometica，2010年。

公式(5-26)展示了企业工资水平的决定机制，除了受到一系列反映产品以及消费者偏好的参数影响之外，主要的影响因素来自于企业的生产率水平。图5-1展示了模型解析解[①]的图像，虚线代表了封闭经济情形，实线代表开放经济条件。显然无论是哪种环境，更具效率的企业支付更高的工资；而在开放经济条件下，企业可以选择是否出口，从图5-1可以观察到，即使是最低效率的出口企业仍然比非出口企业支付更高的工资。这一经验结果说明在同一个产业内部，出口企业比非出口企业支付更高的工资，这就有可能引发行业内收入差距的扩大。图5-1中企业在进入国内市场与进入国外市场时，工资水平有个

① 为了得到解析解，HIR(2010年)简化了模型的参数，但是足够展示工资均衡表达式的性质。

陡峭地上升，令行业的这两个生产率阈值之比为 $\rho=\theta_d/\theta_x$，那么继续上文的模型分析，可将行业内员工的收入分布表示为非出口企业与出口企业的工资分布的加权平均，这一权重则分别依据两组企业的雇员所占总雇员的比例，具体的表达式如下：

$$G_w(w)=\begin{cases}S_{h,\ d}G_{w,\ d}(w),\ w_d<w<w_d/\rho^{\frac{\beta k}{\delta\Gamma}}\\ S_{h,\ d},\ w_d/\rho^{\frac{\beta k}{\delta\Gamma}}\leqslant w\leqslant w_d\,T_X^{\frac{k(1-\beta)}{\delta\Gamma}}/\rho^{\frac{\beta k}{\delta\Gamma}}\\ S_{h,\ d}+(1-S_{h,\ d})G_{w,\ x}(w),\ w\geqslant w_d\,T_X^{\frac{k(1-\beta)}{\delta\Gamma}}/\rho^{\frac{\beta k}{\delta\Gamma}}\end{cases} \tag{5-27}$$

其中：

$$S_{h,\ d}=\frac{1-\rho^{z-\beta(1-k/\delta)/\Gamma}}{1+\rho^{z-\beta(1-k/\delta)/\Gamma}[T_X^{(1-\beta)(1-k/\delta)/\Gamma}-1]} \tag{5-28}$$

$$G_{w,\ d}(w)=\frac{1-\left(\dfrac{w_d}{w}\right)^{1+1/\mu}}{1-\rho^{z-\beta(1-k/\delta)/\Gamma}} \tag{5-29}$$

$$G_{w,\ x}(w)=1-\left[\frac{w_d}{w}T_X^{\frac{k(1-\beta)}{\delta\Gamma}}\rho^{-\frac{\beta k}{\delta\Gamma}}\right]^{1+1/\mu},\mu\equiv\frac{\beta k}{z\Gamma-\beta} \tag{5-30}$$

由式(5-27)至式(5-30)可知，工资分布的形态受 μ 影响，同时 μ 又取决于员工能力的离散程度 k，企业生产率的离散程度 z，搜寻雇员的成本 δ，消费者偏好参数 β 以及生产技术 γ。而式(5-27)提供的部门内部的工资分布仅取决于一个内生变量——以国内、国外市场阈值之比衡量($\rho\equiv\theta_d/\theta_x$)——贸易开放度(openness to trade)，而利用分布函数的性质可以求得行业在完全封闭(行业内没有一家企业出口)和完全开放(行业内全部企业出口)时的收入差距指标是相等的，这就说明在 $0<\rho<1$ 时，由上述分布函数得到的收入差距指标和贸易开放度间绝非一个单调关系。HIR(2010年)根据美国宏观贸易数据，校准了上述参数

的数值，拟合出了行业贸易开放度与泰尔指数的关系，如图 5-2 所示。

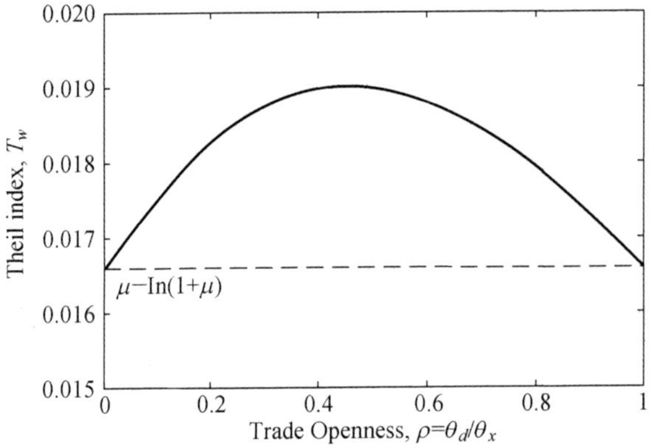

图 5-2 贸易开放度与行业内收入不平等

资料来源：HIR(2010 年)，Econometica，2010 年。

至此，上述模型为本章的实证分析部分提供了理论基础，本章接下来将致力于通过中国的经验数据捕捉这一理论结果。

5.2.2 计量策略

根据 Juhn，Murphy 和 Pierce(1993 年)，Lemieux(2006 年)，Autor，Katz 和 Kearney(2008 年)，首先考虑利用最小二乘估计(OLS)对如下明瑟工资方程进行回归：

$$w_{it} = z'_{it}v_t + e_{it} \tag{5-31}$$

式(5-31)中：i 代表个体劳动力；t 代表时间；w 为收入；z_{it} 是个体 i 在 t 时的特征向量；v_t 是个体可观测特征的回报向量；e_{it} 是收入的残差。当估计完成之后，利用式(5-31)可以将收入的不平等分解成可观测部分与残差部分(即不可观测的组内部分)。

对式(5-31)左、右两边同时取方差可得如下方程：

$$\mathrm{var}(w_{it}) = \mathrm{var}(z'_{it}\hat{v}_t) + \mathrm{var}(\hat{e}_{it}) \tag{5-32}$$

式(5-32)中：带"^"表示通过式(5-31)拟合的值；那么，$\text{var}(\hat{e}_{jt})$就是所谓的残差不平等。

因此，本章的计量设计：首先，估计式(5-31)，得出每个个体工资回报方程的残差；其次，按照工业行业分组，由式(5-32)测算出行业内的残差方差，以此刻画工资残差不平等，即组内差距；最后，按照如下计量方程构造残差不平等与行业出口强度的关系：

$$\text{var}(\hat{e}_{jt}) = \alpha + \beta_1 Export_{jt} + \beta_2 Export_{jt}^2 + \gamma_{jt} C_{jt} + \varepsilon_{jt} \quad (5\text{-}33)$$

式(5-33)中：$\text{var}(\hat{e}_{jt})$为行业j在t时期的残差方差；$Export$为出口强度；$Export^2$为出口强度的二次项①；向量$\boldsymbol{C}$代表反映行业结构特征的变量。例如，女性职工比例、高中以上学历职工比例等。

5.3 数据来源与变量选取

5.3.1 数据处理

本章实证分析所使用的数据主要来源于两个数据集的匹配②，一个数据是中国人民大学社会学系与香港科技大学调查研究中心联合开展的《中国综合社会调查》(CGSS)。该调查作为一项全国性、综合性、连续性的社会调查项目，科学、系统、持续地收集关于中国人工作、生活、行为、观念和态度等数据，能够很好地揭示中国社会经济变迁的轨迹与趋势。该数据很好地调查了城乡居民的个体情况，包括收入、性别、年龄、民族、婚姻状况和所属行业等个人特征，本章使用了该调查2003、2005、2006、2008、2010、2011、2012、2013年共8年的数据，

① 对于二次项的设定，我们也加入了三次项、四次项进行"错误实验"，并无证据表明三次项或者四次项显著。

② 在具体的数据分析中，本书也使用了部分其他数据指标。例如，使用《中国劳动统计年鉴》(2003—2013年)中的"细分行业城镇单位女性就业人员占就业人员比重"来衡量行业女性就业人员比例。

CGSS 在 2004、2007、2009 年这 3 年并没有开展调查，故下文分析缺失了这 3 年的数据。另一个数据是由国家统计局工业统计司编制的《中国工业经济统计年鉴》[①]，该年鉴每年公布工业主要经济指标，包括行业销售产值、出口交货值、工业增加值、实收资本和就业人数等。本章使用该年鉴 2003—2013 年数据，其中 2005 年《中国工业经济统计年鉴》因为经济普查而没有出版，故使用《中国经济普查年鉴》(2004 年版)代替。最终的分析数据是根据这两个数据中的行业标准代码(GB/T 4754—2002)[②]将他们匹配起来得到的。

通过上述文献梳理可以发现，对于中国收入不平等研究的局限性在于，很少有以行业或企业为基本抽样单位的大规模调查员工信息的数据[③]；而对个人收入的调查也大都忽略细分行业特征的记录。因此，本章通过上述两个数据集弥补了这个缺陷。CGSS 较好地提供了个人层面的特征，如年收入、年龄、性别、民族、受教育年限、党员身份以及父母受教育信息，为精确估算个体层面的收入不平等提供了保证；同时，该数据提供的行业分类细分到国民经济行业分类中的 95 个大类，便于研究行业内部的收入状况。《中国工业经济统计年鉴》则提供了各工业行业层面的数据，用来测度本章研究所需的工业结构特征。最终，本章根据行业变量分年度将两个数据连接起来，讨论行业结构特征是如何影响个人收入的分布。

为了使研究更加科学严谨，本章根据以下原则处理数据。一是根据《国民经济行业分类》(GB/T 4754—2002)，将 2012 年新执行的行业代码标准(GB/T 4754—2011)调整到旧的行业标准(GB/T 4754—

① 该年鉴在 2013 年更名为《中国工业统计年鉴》，分上、下两册。

② 根据《国家统计局关于执行新国民经济行业分类国家标准的通知》(国统字〔2011〕69 号)要求，新《国民经济行业分类》(GB/T 4754—2011)从 2012 年定报统一开始使用。因此，本书将 2012 年统计年鉴中的最新行业分类调整到了旧的 GB/T 4754—2002 标准。

③ 已经有很多出色的研究试图突破该局限性，例如，王天夫和崔晓雄(2010 年)就是将 2004 年的中国经济普查数据与 CGSS(2003 年)数据结合，但是他们的研究，首先只是截面分析，并没有反映一个较长时期的事实；其次数据的匹配也存在时间差，有失分析结果的准确性。

2002)，但是需要调整的行业数据仅有 2012 年。其中，删除新标准中二位代码为 11 的“开采辅助活动”和“金属制品、机械和设备修理业(43)”[①]，同时删除新标准中的“其他制造业(41)”和旧标准中的“工艺品及其他制造业(42)”；合并新标准中“汽车制造业(36)”和“铁路、船舶、航空航天和其他运输设备制造业(37)”两大类为旧标准的“交通运输设备制造业(37)”；拆分新标准中的“橡胶和塑料制品业(29)”为旧标准中“橡胶制品业(29)”和“塑料制品业(30)”，这一拆分依照这两个行业过去的相对比例近似求得。最终，得到了一个 2002—2012 年每年 37 个工业大类的行业数据，基本能够反映近 10 年间中国工业的全貌。二是本章研究行业内收入不平等，所以研究对象应该保证处于劳动力市场，并从事某项职业获得收入[②]。因此，对于个体微观数据，本章参照目前退休政策，男性选取 16～60 岁样本，女性选取 16～50 岁样本，考虑特殊行业的政策，根据数据报告“退休”选项，进一步删除上述年龄段的退休人员，从而保证样本考察的个体存在于劳动力市场上。本章同时利用国家统计局提供的各地区消费价格指数(CPI)将所有年份收入平减[③]到 1999 年水平[④]。三是删除各变量(见表 5-1)缺失的个体。经过上述处理，样本中包含的个体为 45 782 个，时间跨度为 1999—2012 年间，横跨全国 31 个省、自治区、直辖市[⑤]的 95 个行业大类，其中包括 37 个工业大类行业。

---

① 括号内为行业二位代码。

② 根据《中华人民共和国劳动法》的相关规定，就业人口的法定最低就业年龄为 16 岁，但是 16～21 岁人口的劳动参与率并不高(约为 10%)，所以本书除了根据数据集中个体“在学状态”判断其是否属于劳动力市场中的一员，更多地采取个体是否获得劳动性报酬判断其就业状态。

③ 很多其他研究强调了地区间物价和消费水平的差异(Brandt 和 Holz，2006 年；Gong 和 Meng，2008 年)，如果不对收入进行消胀处理，那么区域异质性可能对收入估计带来偏误(Demurger 等，2006 年)；本书后续的回归中同样控制了省份虚拟变量，使得回归结果更为精确。

④ CGSS 数据库并没有 1999 年的数据，但是为了比较中国加入世界贸易组织(WTO)前后教育回报率、收入差距等变化，本书选取了另一个权威的家庭微观调查数据——中国居民收入调查(CHIP)。该年度的 CHIP 调查由国家统计局(NBS)组织，并提供了与 CGSS 基本一致的个人信息，作者在此一并感谢；CHIP 数据处理过程与 CGSS 一致，此处不再赘述。

⑤ 除中国台湾地区、中国香港特别行政区和中国澳门特别行政区由于数据不可得，囊括了其他所有省、直辖市和自治区的数据。

5.3.2 变量选取

5.3.2.1 受教育年限

CGSS包括13种受教育程度，分别是“没有接受任何教育”“私塾”“小学”“初中”“职业高中”“普通高中”“中专”“技校”“大学专科（成人高等教育）”“大学专科（正规高等教育）”“大学本科（成人高等教育）”“大学本科（正规高等教育）”“研究生以上”。本章分别赋予上述受教育程度0年、3年、5.5年、8.5年、12年、12年、12年、12年、14年、15年、15年、16年、20年的受教育年限①。

5.3.2.2 收入指标

CGSS报告了个人年度职业（工资）收入、一般每周工作时间等信息。虽然相对于年工资，小时工资更能准确地反映就业人口的收入差距，但是报告工作时间的个体相对更少，为了避免误差，本章采用年工资作为收入的主要指标，用小时工资作为稳健性检验指标。

5.3.2.3 其他个体特征变量和控制变量

个体特征变量包括劳动者的年龄、民族、性别、婚姻状态、户口、政治面貌以及父母受教育程度；另外个体所处地区、行业、报告年度也同时作为控制变量。

5.3.2.4 行业出口强度②

用行业当年出口交货值与国内销售值的比作为衡量行业出口强度指标，因为是比值故不需要消胀处理，其中国内销售值为行业销售值与出口交货值做差求得。

---

① 因为没有规范的参照私塾教育是几年教育，所以本书赋予其3年的时间，且接受私塾教育的样本占总体不多，约0.36%，对后续测算带来的偏差有限；由于不同地区的小学教育分5年制和6年制，且有些地区也有从5年制改为6年制的情形，因此，本书对小学教育统一取5.5年（岳昌君，2004年）；而“职业高中”“普通高中”“中专”“技校”统一为12年教育；研究生教育包括硕士与博士，因此，对于“研究生以上”的类别，给予20年的教育年限，这部分样本依然很少。

② HIR（2010年）将行业的国内生产率门槛与出口生产率门槛的比值作为出口强度，但受限于数据，生产率指标难以获得，而Melitz（2003年）的结论是生产率门槛比值和利润比值是一个单调的关系，因此，我们使用国外销售值与国内销售值的比值作为出口强度的度量指标。

5.3.2.5 其他行业特征变量

其他行业特征变量包括行业女性职工比例、行业高中及以上学历职工比例、行业大学及以上学历职工比例、行业资本劳动比、行业规模、劳动生产率。主要变量的描述性统计，如表 5-1 所示。

表 5-1 主要变量描述性统计

变量名	变量说明	样本数	均值	标准差	最小值	最大值
个人层面						
受教育年限	以受教育程度换算而得	45 782	9.676 0	3.891 4	0	20
年收入	年工资取对数	45 782	9.048 8	1.095 4	1.924 8	15.449 1
小时收入	小时工资取对数	33 079	1.400 1	1.197 0	−6.081 6	7.802 9
年龄	调查年份减出生年份	45 782	39.870 6	10.012 2	16	60
民族	1:汉族;0:少数民族	45 782	0.926 4	0.261 1	0	1
性别	1:男性;0:女性	45 782	0.570 2	0.495 0	0	1
婚姻状态	1:已婚;0:未婚	45 782	0.869 2	0.337 1	0	1
户口	1:非农户口;0:农业户口	45 782	0.580 4	0.493 5	0	1
政治面貌	1:中共党员;0:非中共党员	45 782	0.137 8	0.344 7	0	1
行业层面						
出口强度	出口交货值与国内销售值比例	233	0.208 5	0.337 6	0.000 04	2.120 5
女性职工比例	女职工数占总职工人数的比例	233	0.396 3	0.130 3	0.146 0	0.773 2
高中及以上比例	高中及以上学历人数占总人数之比	233	0.169 6	0.135 1	0.000 1	1
大学及以上比例	大学及以上学历人数占总人数之比	233	0.023 2	0.040 6	0.000 1	0.25

(续表)

变量名	变量说明	样本数	均值	标准差	最小值	最大值
资本劳动比	行业资本与员工人数之比,取对数	233	6.932 6	0.826 1	0.283 2	8.890 8
行业规模	行业企业个数,取对数	233	8.495 5	1.421 2	2.484 9	10.589 1
劳动生产率	工业增加值与行业员工之比,取对数	233	11.845 5	0.793 4	9.192 1	14.834 4

注:女性职工比例来源于《中国劳动统计年鉴》,2002 年度没有报告该项指标,该年度指标由 CGSS(2002 年)测算;高中及以上学历比例、大学及以上学历比例数据来源于 CGSS 的测算。

资料来源:作者根据相关数据计算、绘制;下文图表同此。

5.4 实证结果分析

5.4.1 明瑟工资方程估计结果

为了得到较为准确的行业残差不平等,本章第一步估计明瑟工资方程(5-31),表 5-2 给出了回归结果。

表 5-2 中的模型(1)、模型(2)、模型(3)是在总样本中分别引入不同控制变量得到的回归结果。可以发现,受教育年限回归系数逐渐缩小,而当回归模型中增加了父母亲教育水平作为个体不可观测能力的代理变量之后,有效解决了因缺失个人能力对教育回报高估的问题。而在分年度的回归中,从 1999—2012 年,教育回报率有了大幅度提高并趋于稳定,这和中国劳动力市场供需变化以及市场经济逐步完善有关。其中,1999 年的教育回报率为 4.2%[①],而到了 2002 年则迅速增长为 7.6%,伴随中国加入 WTO,市场对劳动力的需求加大,加之参与更为合理的全球利益分配,中国的教育回报率达到了一个新高度;2002

① 这与李实和丁赛(2003 年)测算的 1999 年的教育收益率(4.8%)极为接近,他们采用的是中国社会科学院经济研究所收入分配课题组和城镇贫困研究课题组的两次住户抽样调查数据。

表 5-2 明瑟工资方程回归结果

项目	总体回归				分年度回归		
	(1)	(2)	(3)	1999	2004	2009	2012
受教育年限	0.087***	0.073***	0.066***	0.042***	0.075***	0.069***	0.065***
	(61.47)	(45.59)	(39.00)	(14.45)	(15.78)	(14.41)	(13.60)
年龄		0.044***	0.051***	0.074***	0.002	0.062***	0.079***
		(12.89)	(13.94)	(9.99)	(0.17)	(5.94)	(8.18)
年龄的平方		−0.001***	−0.001***	−0.001***	−0.000	−0.001***	−0.001***
		(−14.74)	(−15.07)	(−8.75)	(−0.53)	(−6.80)	(−9.16)
民族		0.066***	0.063***	0.022	0.065	0.011	0.065
		(3.34)	(3.06)	(0.56)	(1.12)	(0.20)	(1.17)
性别		0.299***	0.311***	0.167***	0.287***	0.422***	0.416***
		(35.43)	(35.51)	(11.21)	(11.61)	(16.06)	(16.97)
婚姻状态		0.116***	0.137***	0.054	0.060	0.122***	0.148***
		(8.11)	(9.00)	(1.62)	(1.60)	(2.99)	(4.03)
户口		0.157***	0.131***	0.050	0.130***	0.141***	0.098***
		(12.61)	(10.00)	(0.66)	(3.67)	(4.23)	(3.25)

（续表）

项目	总体回归				分年度回归		
	(1)	(2)	(3)	1999	2004	2009	2012
政治面貌		0.168***	0.166***	0.179***	0.135***	0.165***	0.150***
		(15.21)	(14.73)	(11.03)	(3.76)	(4.64)	(3.92)
父亲受教育年限			0.008***	0.011***	0.008*	0.003	0.003
			(6.39)	(5.44)	(1.88)	(0.70)	(0.78)
母亲受教育年限			0.009***	0.006***	0.011**	0.016***	0.008**
			(6.79)	(2.69)	(2.44)	(4.12)	(2.01)
常数项	8.205***	7.113***	6.935***	6.875***	7.994***	7.484***	7.500***
	(201.90)	(91.15)	(83.43)	(37.49)	(37.77)	(32.46)	(34.16)
行业效应	√	√	√	√	√	√	√
地区效应	√	√	√	√	√	√	√
时间效应	√	√	√	×	×	×	×
$adj.R^2$	0.370	0.405	0.416	0.333	0.312	0.386	0.408
N	35 605	35 605	32 609	6 551	3 961	4 570	4 195

注：①＊＊＊，＊＊，＊分别代表1%，5%，10%的显著性水平；②括号内为 t 值统计量；下文同此。

年之后，教育回报率则一直稳定在 7%[①]左右，近些年略有下降，如图 5-3 所示。更为值得注意的是，尽管明瑟工资方程里已经控制了非常多的个体特征变量，但是这些可观测的技能解释力（组间差距）仍然有限，在 31%～42%之间，因此，大部分的工资差距需要进一步测算残差不平等（组内差距）来解释。

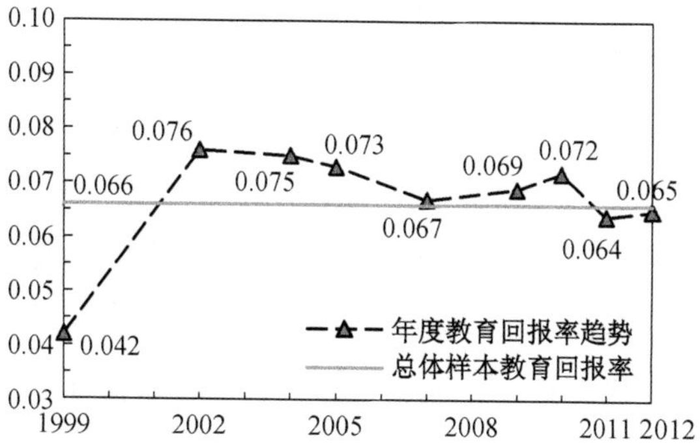

图 5-3 教育回报率

5.4.2 1999—2012 年中国工资差距及其演变

表 5-3 报告了 1999—2012 年中国整体工资的均值水平与差距。这一时期，平均对数工资的增速为 19.38%，从 1999 年到中国加入 WTO 后的首年（2002 年），再从金融危机后首年（2009 年）到 2012 年，平均对数工资的增速分别为 8.12%和 5.08%。由此可以看出，中国的工资水平整体呈上升态势，但是受全球经济环境影响，积极的对外贸易能够带来工资的更快上涨。同时，通过平均工资的方差可以看出，工资差距从 1999—2009 年是在快速上升的[②]，而 2009 年之后则略有回落

① 岳希明等（2010 年）利用 2005 年全国 1%人口抽样调查得到的 2005 年教育回报率约为 9%（本书为 7.3%），但是他们并没有像本书一样控制更为丰富的个体特征。

② 该变化趋势与邢春冰和李实（2010 年）的结果基本一致，他们利用中国家庭收入调查（CHIP）测算的 1995—2007 年的平均工资差距变化趋势为 0.41～0.78。

(图 5-4 更为直观)，在这两段时期间，2007 年有个短暂的回落[①]。同样可以看到，对外贸易程度会影响到收入差距，当经济危机来临时，工资差距有下降，这说明中国行业的出口强度与收入差距间存在某种联系。再从工资分布来看，1999—2005 年，50～10 分位点的差距增加了 0.867(1.772－0.905)，这占 90～10 分位点变化的 63.1%[0.867/(2.996－1.622)]，说明绝大多数的工资差距变化来源于工资分布的下半部分，这一阶段是穷人更加穷了(相对来说)，1999—2005 年样本期内各年间的差距变化也遵从这一规律[②]。而 2009—2012 年，工资差距有所缓解，虽然 50～10 分位点间的变化在样本期各年间有升有降。90～50 分位点却是逐年递减，2009—2012 年间差距减少了 0.287(1.386－1.099)，可见 90～10 分位点的下降完全由工资分布的上半部分所解释。换言之，这一时期富人变得没这么富了，穷人则没什么变化。

表 5-3　工资差距与组内工资不平等

项目	1999	2002	2004	2005	2007	2009	2010	2011	2012
A:Ln(工资)									
均值	8.500	8.992	9.190	9.146	9.288	9.657	9.735	9.983	10.148
p90－p10	1.622	2.179	2.833	2.996	2.328	2.813	2.786	2.709	2.544
p90－p50	0.717	0.963	1.223	1.224	1.071	1.386	1.302	1.003	1.099
p50－p10	0.905	1.216	1.609	1.772	1.257	1.428	1.484	1.706	1.445
方差	0.504	0.833	1.189	1.202	0.945	1.277	1.250	1.221	1.097
B:组内不平等									
p90－p10	1.466	1.769	2.106	2.174	1.863	2.117	2.139	2.079	1.993
p90－p50	0.805	0.975	1.176	1.181	0.884	1.094	1.154	1.121	1.062

① 本文测算的年度残差不平等与国家统计局(NBS)公布的同时期的基尼系数变化趋势是一致的。

② 邢春冰和李实(2010 年)的研究在 1995—2002 年发现同样的结果。

（续表）

项目	1999	2002	2004	2005	2007	2009	2010	2011	2012
p50—p10	0.661	0.794	0.930	0.993	0.980	1.023	0.985	0.958	0.931
方差	0.420	0.619	0.747	0.768	0.647	0.787	0.814	0.768	0.693
C:加控制变量后组内不平等									
p90—p10	1.263	1.619	1.683	1.734	1.742	1.842	1.854	1.705	1.633
p90—p50	0.682	0.885	0.892	0.941	0.819	0.940	0.982	0.892	0.843
p50—p10	0.581	0.734	0.791	0.793	0.923	0.902	0.871	0.813	0.790
方差	0.324	0.505	0.517	0.572	0.565	0.634	0.612	0.567	0.508

注：①B部分用工资对教育水平以及行业、地区虚拟变量做回归，利用得到的残差值计算各年份组内工资差距指标；②C部分增加了更多的控制变量，包括年龄、年龄的平方、民族、性别、婚姻状态、户口类型、是否是党员以及父母亲受教育程度。

表5-3的B部分是没有增加控制变量之后的组内不平等变化趋势，当利用明瑟方程剔除组间差距之后，各年份不可解释的工资差距（组内差距）和总体的变化规律有所不同。1999—2005年，组内工资差距的变化主要集中于分布的上半部分；而当2010年组内不平等开始下降时，年度间差距的变化仍然由工资分布的上部分集中解释；并且，组内差距的变化是造成总体工资差距变化的重要原因。例如，从1999—2005年，组内方差增加了0.348(0.768－0.420)，这占到同时期总体方差变化的49.9%[0.348/(1.202－0.504)]。表5-3的C部分在预测工资残差时控制了更多的解释变量，因此，得到的残差部分更为合理，可观测的特征（组间）能够解释总体工资差距的2/5左右，而不可解释的部分（组内）约占3/5（比较表5-3中A、C两部分），这与表5-2中各年份回归结果的可决系数是一致的。而且，C部分的工资残差方差变化和总体工资方差变化一致，即在1999—2009年这一区间是上升的，当2008年经济危机来临之后则略有回落；C部分同时也在组内差距的变化上和B部分保持一致。

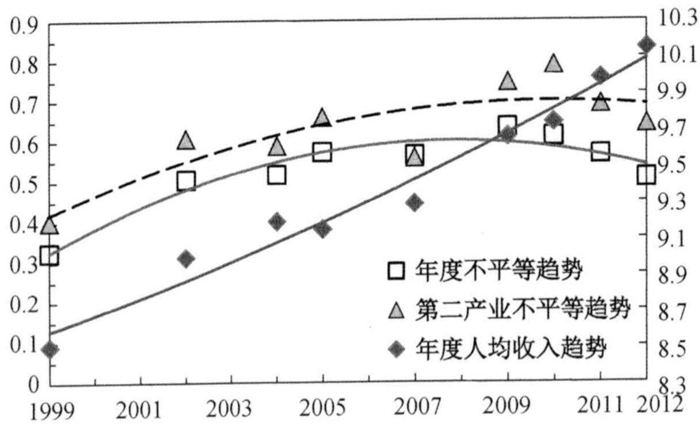

图 5-4　年度不平等趋势

注：①图中不平等指标是用工资对一系列控制变量做回归后得到工资的残差值，再计算并得到各年份或者行业组内残差不平等；②左纵轴数据为不平等刻度，右纵轴为人均收入刻度。

5.4.3　中国工业出口强度与组内差距

结合本章理论部分的叙述，上文工资差距的变化以及第二产业工资残差不平等的变化趋势，如图 5-4 所示，粗略地预示了工业出口强度和行业内收入差距间可能存在着非单调的关系。为了更加细致地考察两者之间的关系，通过进一步测算二位代码行业层面的工资残差不平等，绘制行业出口强度（以当期出口交货值与国内销售值之比衡量）和行业工资残差不平等的散点图，如图 5-5a 至图 5-5f 所示。

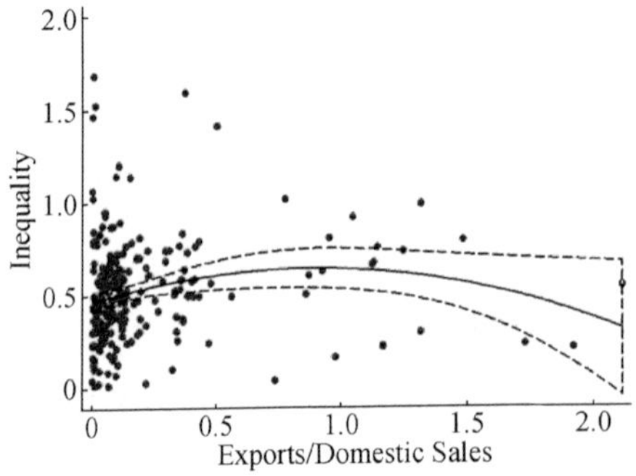

（a）出口强度与残差不平等（总体）

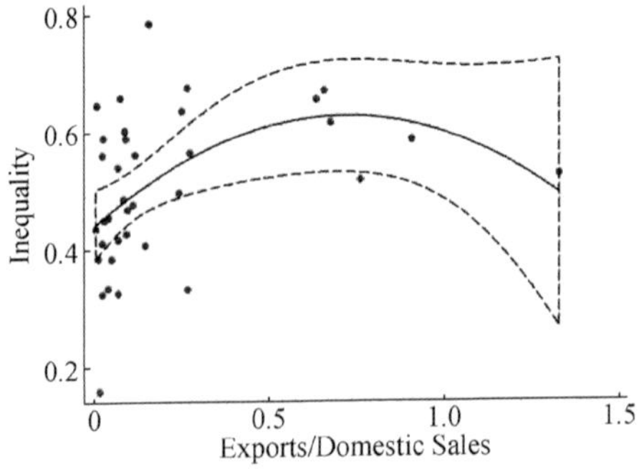

（b）出口强度与残差不平等（行业平均）

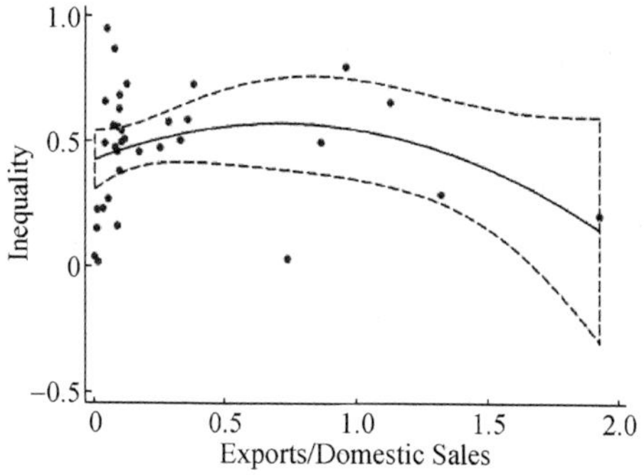

(c) 出口强度与残差不平等(2002 年)

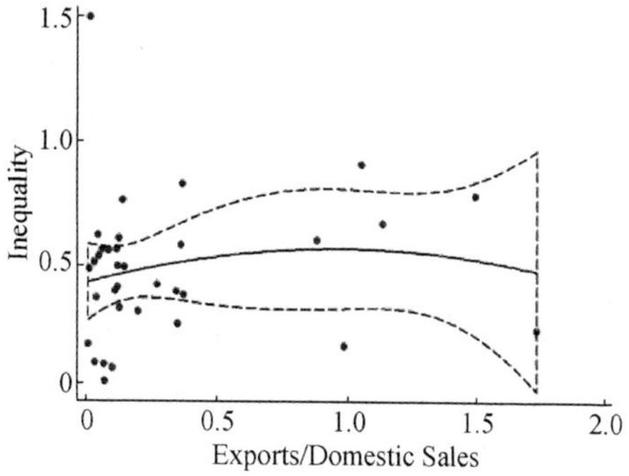

(d) 出口强度与残差不平等(2005 年)

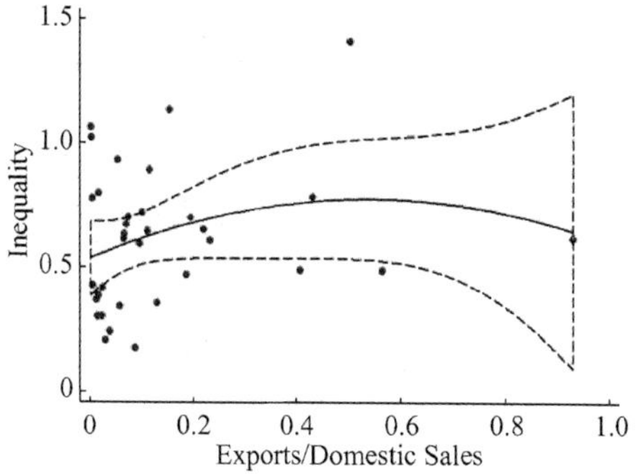

(e) 出口强度与残差不平等(2009 年)

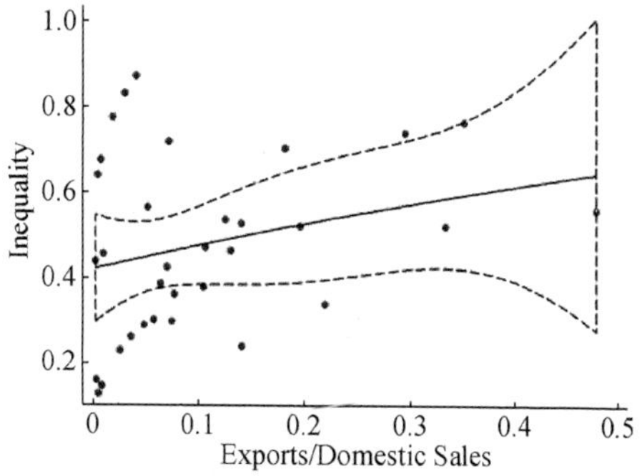

(f) 出口强度与残差不平等(2012 年)

图 5-5 出口强度与行业残差不平等(2002—2012 年)

注:①横轴代表出口与国内销售产值比,纵轴代表行业残差工资不平等;②图 5-5b 横纵轴数据为各行业在样本期(2002—2012 年)的均值;③实线为拟合线,虚线为加入了拟合的 95%置信区间。

从散点图可以看出,无论是总体样本,还是按行业平均绘制,抑或分年度考察,行业出口强度与工资残差不平等间均表现出了一个非单调的关系,大致呈“倒 U 型”。需指出的是,虽然 2012 年的散点图拟合出一条向右上方倾斜的直线而非“倒 U 型”,但这并没有否定出口强度与行业工资残差不平等的非单调关系,因为 2012 年各工业行业出口强度最大也仅为 0.5 左右,不平等尚处于“倒 U 型”的左端区域,这恰恰说明出口强度不到一定水平,行业内部的不平等是不会越过最高点下降的；这从侧面说明一些研究仅考察一个年度，或者考察期经济正好处于上行(下行)，从而得出不同结论的原因。本章接下来将用计量方法对上述关系进行验证，具体的结果如表5-4所示。

表5-4报告了回归结果，从中可以发现，当仅仅控制出口强度指标时[模型(1)]，回归系数为正数，这说明工业行业的出口强度增加会提升行业工资残差不平等，但是这一结果并不显著，因此，有必要继续探究两者间是否有其他关系。表5-4中的模型(2)加入了出口强度二次项，此时，模型中出口强度一次项和二次项系数更加显著，且一次项仍然为正数而二次项为负数，这表明出口强度与行业工资残差不平等间存在"倒U型"的非单调关系。Lemieux(2006年)也同时研究了结构效应(composition effect)对收入差距的影响，他认为高学历工人比例的增加也是不平等变化的重要解释原因。因此，模型(3)至模型(5)依次加入了反映行业劳动力特征结构的变量，如高中及以上文凭劳动力比例、大学及以上文凭劳动力比例、女性劳动力比例。结果显示，随着大学及以上学历工人比例的增加，行业工资残差不平等同样也在变大；而高中以上学历的增加则有助于降低残差工资不平等；考虑可能因为遗漏而产生内生性问题，模型(6)控制了更多的行业特征，模型(7)则使用解释变量的滞后一期数据进行回归。在加入了这些变量之后，工业出口强度与残差工资不平等间的"倒U型"关系并未改变，出口交货值和国内销售值比例的转折点在0.85～1.00区间之内，这和图5-5基本保持一致。

5.4.4 稳健性检验

为了得到更为稳健的回归结果，本章尝试以下三种方法验证：首先，改变残差不平等的刻画方式。数据显示，平均工资更高行业的残差不平等也更高，这可能是数据量级带来的，因此，为了排除这一效应，在稳健性检验中，将被解释变量替换成残差方差与工资均值之比，以此消除量级效应。其次，在明瑟工资方程的估计中使用更为合理的小时

表 5-4　行业出口强度与残差工资不平等

	残差方差						
项目	(1)	(2)	(3)	(4)	(5)	(6)	(7)
出口强度	0.108 4	0.421 6***	0.366 0***	0.364 3***	0.382 1***	0.264 2*	0.333 8**
	(1.59)	(3.48)	(2.90)	(2.90)	(2.85)	(1.71)	(2.04)
出口强度的平方		−0.216 0***	−0.208 8***	−0.208 1***	−0.225 2***	−0.132 1*	−0.157 4*
		(−3.28)	(−3.35)	(−3.35)	(−3.70)	(−1.74)	(−1.96)
高中学历比例			−0.334 5**	−0.386 2*	−0.377 1*	−0.097 1	−0.151 5
			(−2.43)	(−1.96)	(−1.93)	(−0.57)	(−0.90)
大学学历比例				0.112 3	0.135 5	−0.197 8	−0.008 9
				(0.43)	(0.52)	(−0.65)	(−0.04)
女性职工比例					0.074 9	0.128 6	−0.000 2
					(0.46)	(0.82)	(−0.10)
资本劳动比						−0.073 6*	−0.111 0*
						(−1.89)	(−1.80)

（续表）

项目	残差方差						
	(1)	(2)	(3)	(4)	(5)	(6)	(7)
行业规模						0.029 5**	0.005 3
						(2.68)	(0.36)
劳动生产率						0.134 2***	0.112 4**
						(3.07)	(2.31)
常数项	0.434 3***	0.401 6***	0.466 6***	0.464 5***	0.423 1***	−0.805 0*	−0.077 8
	(9.64)	(8.61)	(7.53)	(7.46)	(5.27)	(−1.99)	(−0.18)
时间效应	√	√	√	√	√	√	√
样本量	233	233	233	233	233	233	198
R-squared	0.057 1	0.078 5	0.109 1	0.110 1	0.120 5	0.143 2	0.134 7

注：①*，**，***分别表示10%，5%，1%显著性水平；②回归结果已按行业进行聚类处理；③括号内为 t 统计量。
资料来源：作者利用 stata 软件计算。

工资作为被解释变量，再估计工业行业的工资残差不平等。最后，将行业的维度转换到区域上，考察地区出口情况与地区工资残差不平等的关系。结果发现，除了个别变量在显著性上和基本回归结果有所差异之外，出口强度以及平方项并无改变，这进一步验证了本章结论的可靠性，具体的回归结果如表 5-5 所示。

表 5-5　稳健性检验

项目	残差方差/工资均值	小时工资残差方差	小时工资残差方差/工资均值	区域残差方差
	(1)	(2)	(3)	(4)
出口强度	0.044**	0.266	0.246*	0.403 3**
	(2.38)	(1.59)	(1.92)	(2.05)
出口强度的平方	−0.019**	−0.144*	−0.124**	−0.301 7
	(−2.20)	(−1.89)	(−2.12)	(−1.45)
高中学历比例	−0.013	−0.173	−0.062	−0.057 3
	(−0.74)	(−0.74)	(−0.34)	(−0.58)
大学学历比例	−0.009	−0.100	−0.169	0.014 1
	(−0.30)	(−0.36)	(−0.77)	(0.12)
女性职工比例	−0.010	0.079	0.097	−0.656 7**
	(−0.56)	(0.38)	(0.61)	(−3.48)
资本劳动比	0.016**	−0.003	0.001	
	(2.61)	(−0.08)	(0.02)	
行业规模	0.002	0.021	0.016	
	(1.25)	(1.25)	(1.15)	
劳动生产率	−0.012*	0.032	0.028	
	(−1.87)	0.266	(0.65)	
常数项	−0.077	0.030	−0.064	0.758 4***
	(−1.20)	(0.07)	(−0.16)	(7.98)

（续表）

项目	残差方差/工资均值	小时工资残差方差	小时工资残差方差/工资均值	区域残差方差
	（1）	（2）	（3）	（4）
时间效应	是	是	是	是
样本量	198	198	198	232
R-squared	0.141 1	0.100 1	0.295 0	0.111 3

注：区域指标数据来源于《新中国六十年统计资料汇编》以及国家统计局省际年度数据测。

5.5 进一步讨论：价格效应还是结构效应

前文探寻了出口强度与工资残差不平等间的非单调关系，但是出口强度到底是通过哪种渠道影响了收入差距是本章希望进一步探究的。根据 HIR（2010 年）理论阐述，出口企业会雇佣更多适应其生产率的劳动者，并支付符合劳动者能力的工资，也就是说，当行业内出口企业越来越多的时候，该行业内将聚集更多高技能劳动力，他们的不可观测技能价格的变化（价格效应）会带来行业内总差距的变化，但出口同样影响了技能工人的分布（结构效应），这也会影响行业内总差距变化①。因此，为了考察出口强度是主要通过价格效应还是结构效应影响到了收入差距，本章借助 DiNardo 等（1996 年）提出的反事实方法（DFL 方法），将组内总差距分解为上述两种效应。重新观察明瑟方程（5-31）的残差部分 e_{it}，它可以被写成如下方程：

$$e_{it} = p_t \eta_{it} + m_{it} \tag{5-34}$$

① 根据一些理论（Mincer，1974 年）及经验事实（Lemieux，2006 年）表明，教育水平以及经验水平更高的组群的组内差距更大。而总的组内差距是各个组群内部差距的加权平均，因此一旦该事实成立，那么当行业出口到了一定的程度，由于行业内技能工人的增多，势必会给行业内总差距带来提升，那么出口强度和行业内的工资残差不平等可能不是简单的倒“U”型关系，而是更为复杂的非单调关系。

式(5-34)中：p_t 为不可观测的技能回报；η_{it} 为不可观测的技能；m_{it} 为测量误差。按照 DiNardo 等(1996 年)的分解思想，对式(5-34)两边求方差：

$$\mathrm{var}(e_{it}) = p_t^2 \mathrm{var}(\eta_{it}) + \mathrm{var}(m_{it}) \tag{5-35}$$

一般而言，测量误差非计量学者所能控制，因此，DiNardo 等(1996 年)方法假设误差保持不变。那么，式(5-35)就表明工资残差不平等是由不可观测技能回报 p_t 和不可观测技能方差 $\mathrm{var}(\eta_{it})$ 所决定，前者对工资残差不平等的影响即为价格效应，而后者的影响为结构效应。DiNardo 等(1996 年)强调反事实分布与真实分布之间的区别在于其结构分布不同，简单地分解思路如下①：假设需要构造 2002 年(时期 0)和 2007 年(时期 1)间的反事实分布，首先将这两期的数据放到一起，新建一个虚拟变量 t 来识别样本是否在时期 0，即如果样本在 2002 年，那么 $t=1$；否则，$t=0$。然后以 t 为被解释变量估计 Probit 模型，计算个体在 2002 年的概率，具体的公式如下：

$$\hat{\theta}_i = \frac{\hat{\Pr}(t = 2002 \mid X_i)}{1 - \hat{\Pr}(t = 2002 \mid X_i)} \tag{5-36}$$

式(5-36)中：X_i 为样本的特征(包括教育年限、年龄、性别等反映劳动力结构的变量)；而估计出的 θ 即可作为所有样本在 2007 年的权重，通过给 2007 年数据重设权重(reweighted)来得到反事实的分布。DFL 反事实方法的灵魂在于“假设 2007 年的劳动力结构是 2002 年的，但是劳动力工资仍按 2007 年的价格水平支付”，这就为分解价格效应和结构效应提供了理论依据，两者实际上只有结构不同，做差即可得到结构效应。进一步地，定义一个反映不平等(或者分位点、泰尔指数等)的指标 $g(F)$，g 函数可以将不同的组内工资分布对应到一个不

① 详细过程可参考 DiNardo 等(1996 年)，Lemieux(2006 年)，邢春冰和李实(2010 年)，魏下海等(2012 年)。

平等的值域上去。还以上述年份为例，2002—2007年的总的组内差距变化可以进行如下分解：

$$\Delta_{total}=g_{2\,007}-g_{2\,002}=[g_{2\,007}-g_{cf}]+[g_{cf}-g_{2\,002}]=\Delta_X+\Delta_P \tag{5-37}$$

式(5-37)中：$g_{2\,002}$、$g_{2\,007}$是由2002年和2007年真实分布得到的组内差距；g_{cf}为以2002年结构、2007年价格水平测得的反事实组内差距。因此，式(5-37)最后一个等号后的第一项代表结构效应，第二项代表价格效应。借助再权重公式(5-36)和分解公式(5-37)，本章分别得到了残差工资的反事实分布（如图5-6所示）及其在每个分位点上的分解（如图5-7所示）。

图5-6a反映了总体样本中（包括三次产业）以2007年不变的技能价格，分别根据2002年的劳动力结构、2012年的劳动力结构绘制的反事实工资残差分布，用长断线和断点线来表示；实线则是2007年真实的分布情况。通过比较可以发现，这三条线十分接近，这表明对于总体样本来说，结构效应对于组内差距的影响几乎可以忽略，组内差距的变化更多的是源于价格效应的变化。图5-6b则是本章重点考察的工业行业的残差工资分布，短断线是2005年的技能价格根据2002年的结构特征重新调整权重后的反事实分布，实线是2005年的实际分布；断点线是以2012年的技能价格基于2009年的结构特征绘制的反事实分布，长断线是2012年的真实分布。因此，图5-6b反映了两组特征分布差异[①]：2002—2005年、2009—2012年之间的结构特征分布差异。通过观察图5-6b，至少说明在中国工业行业领域，劳动力结构特征变化引起了工资残差分布的变化，但是这一效应不大，价格效应在这一领域仍然起主导作用。为了更加细致地分析工业行业中价格效应和结构效应的变化，本章根据式(5-37)计算工资残差分布在每个分位点

① 没能以更为合理的2007年作为不变价格来考察相关反事实分布，是因为2007年的微观调查数据并没有提供区分三次产业的变量。

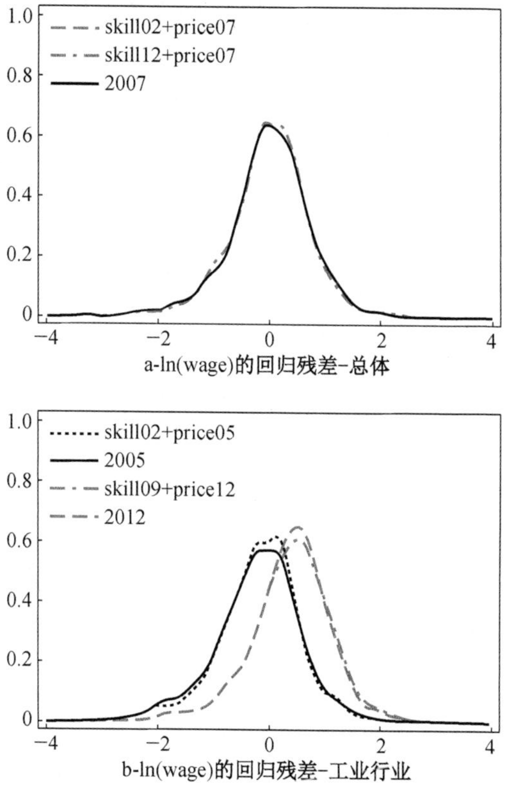

图 5-6　事实和反事实(DFL 方法)的组内工资分布

上的实际变化、由价格效应导致的变化以及由结构特征发生的变化，具体分解结果见图 5-7。

从图 5-7 可以看出，虽然工业行业劳动力结构对分布变化产生了一定的作用，但是价格效应仍然起主导作用。以 2002—2005 年的情况为例(图 5-7a)，实线代表了这两年间残差工资的不同分位点的差距，这是一个实际变化；断点线是由 2005 年的反事实分位点(以 2002 年劳动力结构作为权重，2005 年不变价格构造的反事实分布)与 2002 年的实际分位点间的差距，代表了这两年间的价格效应；而长断线代表了 2005 年的实际分布与 2005 年的反事实分布间的差距，这即为结构效应，由劳动力结构特征变化所导致。在图 5-7a 中，结构效应基本上在

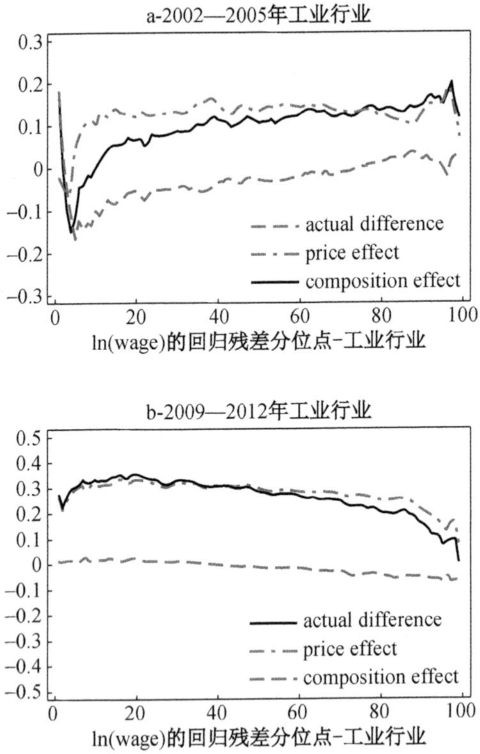

图 5-7　工业行业组内工资分布的分解(DFL)

分位点各段都是负值且越来越大，这说明在这一时期结构效应有扩大收入低端组内差距的趋势；在图 5-7b 中，结构效应在收入分布的低端略微为正，即结构效应倾向于增加底部收入，而在收入分布的顶端，结构效应为负，结构效应也调节了高收入人群间的收入差距向更加均等化演变。有趣的是，图 5-7 中两组图的价格效应均为正，这说明价格效应主导了收入组内差距的变化，并且在收入分布的顶端有个突然下降的过程，这表明在非常富有的人群间工资残差不平等在缩小。但是，图 5-7 中也可以观察到，在 2002—2005 年，这个价格效应是随分位点增大而增大的，相反，2009—2012 年，价格效应在趋于减小。

上述分解结果基本可以得出一个结论：价格效应是导致工资残差不平等变化的主要原因，这进一步说明，出口对收入差距的影响，主要是通过改变劳动力技能价格来实现的，这符合理论模型的设计。但是，在工资分布的顶端，价格效应之所以缩小了收入差距可能是由于国企薪酬改革导致的一次分配更趋合理的表现；同时，结构效应的影响也不能忽视，随着中国教育水平的提升，能够使得收入分配更加趋于合理，但这一影响效果非常小，需要更加长期的发展才能观测出效果。

5.6 本章小结

5.6.1 结论

在 HIR(2010 年)的理论基础之上，本章应用收入不平等研究的最新成果，以劳动力市场上个体工资残差的离散程度刻画中国工业内工资残差不平等，寻求其与贸易开放度等工业特征之间的关系。对于产业工人来说，工资是其绝大部分收入的来源，通过产业层面分析残差工资不平等相较于城乡等区域分析更有意义。因此，本章的研究既是对现有研究的补充，也是深化认识中国近 10 年开放进程、工业结构变迁对政治经济改革的影响机制。本章利用《中国综合社会调查数据》(CGSS, 2003—2013 年)，借鉴了 Lemieux(2006 年)的方法对各行业内部的工资残差不平等进行了测算，并匹配《中国工业经济统计年鉴》(2003—2013 年)中各行业的特征以及贸易数据，实证检验了中国工业出口强度与行业内部工资残差不平等的非单调关系，并利用 DFL 方法将不平等分解为价格效应和结构效应，得出以下主要结论：

第一，中国工业出口强度与工资残差不平等之间有“倒 U 型”的关系。即工资不平等首先随着出口强度的增加而上升，到达顶峰之后逐步回落，出口强度的转折点在 0.85～1.00 区间之内出现。无论是改变不平等的测度方法，还是将出口强度转换到区域层面，出口强度与工资残差不平等之间的这种关系都存在。

第二，价格效应是导致中国工业行业工资残差不平等变化的主要原因，而结构效应作用有限。由不可观测技能变化带来的价格效应变化反映了中国劳动力市场的不断成熟，说明收入分配原则是让市场起了决定性作用，发挥了“效率优先”的原则。另外也说明行业的出口强度主要是通过价格效应渠道影响了行业内的工资残差不平等，这与理论假说是一致的。

5.6.2 政策启示

相关的研究问题可能具有重要的政策启示。当前，国家正抓紧与时俱进地扩大对外经济开放和推进自由贸易区战略的实施，各省市也相继出台形式多样的出口促进政策，包括申报自由贸易区、设立出口加工区、出口关税优惠政策等。从福利经济学角度来说，评价这些政策的依据可能是政策对福利的改进，显然，扩大开放能够提高人民整体收入水平；而扩大开放又是否能够缩小不平等，这就是一个社会问题。从政策的角度来看，上述结论提供了两点启示：

第一，工业出口强度与工资残差不平等呈“倒U型”的关系，而从散点图（图5-5）或是回归结果（表5-4）的显著程度来看，中国大部分行业的出口强度还是处于“倒U型”的左侧部分。通过图5-5的分析，那些越过了拐点的行业集中出现在中国加入WTO之后的几年内（2002—2005年），分别是“纺织服装、鞋帽制造业（18）”“皮革、毛皮、羽毛及其制品业（19）”“家具制造业（21）”“文教体育用品制造（24）”。很显然，这些行业之所以有如此大的出口体量，一方面和中国加入WTO之后，别国进口关税下降有关，但更多原因是这些行业当时拥有大量的低成本劳动力，贸易方式以加工贸易居多，行业拥有出口优势，同时行业出口企业多了也增加了就业；但是，同样令人担忧的是，随着中国劳动力成本的急速提高，靠低劳动力成本的加工贸易不可为继，未来只有产品质量提升了才能将出口强度推向“倒U型”的右侧。因此，中国绝大部分工业行业需要进一步深化改革，坚持扩大开放，结合当下的供给侧结构性改革以及中国产品“走出去”战略，提升产品质量，精益求精，从而在全球市场竞争中获取优势地位，赚取出口工资溢价，使得中国劳动力得到一个更为合理的市场价值回报。可能那时中国也完成了行业层面的结构调整，整体收入水平也提升了，既“跨越了中等收入陷阱”，也降低了行业内的收入差距。

第二，虽然价格效应是导致工资残差不平等变化的主要因素，但是通过本章的分解，结构效应仍然在中国工业行业内的一段时期内起到了降低不平等的作用，特别是在收入分布的底层及顶层。因此，一方面，在通过市场机制发挥决定性作用的收入分配政策下，政府应该致力于减少教育机会不平等，提高人民群众受教育机会的均等性，着重增加人力资本投资，开发在职培训教育等项目，从而增大经济地位较低群体对优质教育的可得性，防止由于教育不平等而形成的社会分层；另一方面，要继续深化国有企业改革，破除某些行业的行政垄断，使职工薪资报酬回归市场合理水平。

第三，本章探讨了贸易自由化的一个方面，即本国产品的出口情况。但是，随着全球经济一体化进程的加快，越来越多双边自由贸易的发生引发了更多的议题。中国的改革开放，也是一个不断打开国门的历程，加入世界贸易组织(WTO)后，更多的外资企业进入，中国 FDI 的投资规模越发庞大。近些年，中国经济进入“新常态”，劳动力成本在上升，外国资本更多地投入到资本以及知识技术密集型产业中去；中国产业升级带来的中间品进口贸易，中国劳动者的需求结构变化带来的最终消费品进口贸易。这一系列的进出口贸易以及外商直接投资状况的新变化给国内生产厂商带来了一定的竞争压力，竞争带来的是一把“双刃剑”，一方面会打压产品价格，另一方面却促进效率与产品的质量。与此同时，TPP 等新的贸易协定随时可能落地施行，各国进出口关税都面临着新的调整，美国出现的“转内”政策，新的贸易保护政策有所抬头，“中美贸易战”如何演化，等等。这些“新常态”的经济活动又会通过何种机制或者多大程度影响中国劳动力就业市场以及收入差距，是今后需要继续关注的话题。

6 产业发展、人力资本和收入差距

6.1 引言

前文主要所述中国产业发展过程中的产业政策、产业结构以及产业出口强度对企业员工收入亦或居民收入差距的影响，研究结论均启发我们：产业发展需要对人力资本进行投资。产业政策应该以提升企业的效率为目的，刺激市场竞争，促使企业进行技术或者产品革新，将财政补贴更多地以员工教育费的形式发放而不是直接补助，这样一方面能够避免直接给企业补贴的负面效应，促进劳动力技能与生产效率的提升；另一方面也可以为员工的职业生涯提供更多的技能保障，一旦企业无力为继而倒闭，得到技能培训的下岗职工也可以更加灵活地适应劳动力市场。在中国产业结构的变迁过程中，产业结构合理化需劳动生产率相对一致，这就要求有些产业必须提高效率，而“现代农业”“新型工业化”以及“现代服务业”均需要素质更高的劳动力，他们的技能亟待提升。通过对中国工业行业的研究可以发现，工业出口强度与行业内的收入差距呈“倒 U 型”的关系，而中国大部分行业的出口强度还是处于“倒 U 型”的左侧部分。那些越过了拐点的行业集中出现在中国加入 WTO 之后的几年内（2002—2005 年），分别是“纺织服装、鞋帽制造业(18)”“皮革、毛皮、羽毛及其制品业(19)”“家具制造业(21)”“文教体育用品制造(24)”。很显然，这些行业在中国加入 WTO 前后拥有大量的低成本劳动力，贸易方式以加工贸易居多，行业拥有出口优势。但随着中国劳动力成本的急速提高，靠低劳动力成本的加工贸易不可为继，未来只有产品质量提升了才能达成将出口强度推向“倒U型”的右侧。因此，向世界出口我们的产品，“中国制造”向“中国智造”这一转变过程需要我们拥有一支技能过硬的产业工人队伍。此外，像高等教育扩张这样的劳动力教育水平结构变化对行业内收入不平等的改善亦有效果，政府应着重增加人力资本投资，开发在职培训教育等项目，提升劳动力素质。习近平指出“劳动者素质对一个国家、一个民族发展至关重要。劳动者的知识和才能积累越多，创造能力就越大”。未来中国产业的发展需要员工素质的提升，而员工素质的提升需要进行人力资本的投入，因此，审视人力资本投资的作用问题恰逢其时。

从宏观角度来说，一国整体教育体系的构建形成了国家的人力资本，这包括初等教育、中等教育、高等教育以及职业教育。Berker（1962年）最早提出人力资本投资分为在职培训（on-the-job training）、学校教育（school training）以及对信息的掌握（information），并分析其对社会经济福利的影响。其中，后两者并不能完全由企业所控制，主要是员工的个体经历或者特征，而员工的在职培训则是企业人力资本投资最为直接的途径，可以由企业所掌控。本章从企业角度出发，直接探讨更加贴近技能应用的在职培训对企业绩效的影响。国务院在2010年审议通过的《国家中长期教育改革和发展规划纲要（2010—2020年）》明确提出“职业教育是我国经济、社会、产业发展的重要部分”；而2014年颁布的《关于加快发展现代职业教育的决定》更是指出“加快发展现代职业教育，是党中央、国务院作出的重大战略部署，对于深入实施创新驱动发展战略，创造更大人才红利，加快转方式、调结构、促升级具有十分重要的意义”。

当前，我国经济发展正处在全面深化改革的攻坚阶段，供给侧结构性改革提出“减税降费”，给企业减成本，提效率。企业的在职培训从会计视角来说是企业的一项成本费用，但是《中华人民共和国劳动法》《中华人民共和国职工教育法》均要求企业按照国家规定提取和使用职业培训经费，这无疑对企业来说是项负担。这一政策在2006年得到改善，财政部等多部委联合颁布了《关于职工教育经费提取与使用管理的意见》（以下简称“意见”）[财建〔2006〕317号]，意见指出“一般企业按照职工工资总额的1.5%足额提取教育培训经费，从业人员技术要求高、培训任务重、经济效益较好的企业，可按2.5%提取，列入成本开支，足额提取职工教育培训经费。要保证经费专项用于职工特别是一线职工的教育和培训，严禁挪作他用。准予在计算企业所得税应纳税所得额时扣除；超过部分，准予在以后纳税年度结转扣除①”，这就给企业减轻了成本负担。同时，员工培训费用的投入形成了企业的人力资本投资，将对企业的绩效产生影响。评估这一在职教育投入对企业员工收入的影响，这又回到了我们的产业政策效果问题上了，如果这一政策有效，那么政府就可以大力执行这类政策，设计税费的优惠政策以激励企业创新研发、提升效率等，从而进一步改善员工福利收入水平。本章余下部分安排如下：第2节简要回顾中国产业发展中与职业教育政策有关的内容；第3节考察企业选择人力资本投入的影响因素；第4节分析在职培训对企业收入差距的影响；第5节利用GPS方法进一步处理员工培训政策的内生性问题，并进行了一系列稳健性检验与扩展分析；最后是本章的小结。

---

① 早在2002年，国务院就出台了《关于大力推进职业教育改革与发展的决定》[国发〔2002〕16号]对企业计提职工教育经费做出了规定；2013年《财政部、国家税务总局关于中关村、东湖、张江国家自主创新示范区和合芜蚌自主创新综合试验区有关职工教育经费税前扣除试点政策的通知》[财税〔2013〕14号]以及《财政部、国家税务总局关于苏州工业园区职工教育经费税前扣除和股权奖励个人所得税试点政策的通知》[财税〔2013〕95号]进一步规定，中关村、东湖、张江三个国家自主创新示范区和合芜蚌自主创新综合试验区（以下统称试点地区）、苏州工业园区内的高新技术企业发生的职工教育经费支出不超过工资、薪金总额8%的部分，准予在计算企业所得税应纳税所得额时扣除；超过部分，准予在以后纳税年度结转扣除。2015年，《财政部、国家税务总局关于高新技术企业职工教育经费税前扣除政策的通知》[财税〔2015〕63号]则此范围扩展至所有高新技术企业，并自2015年1月1日起执行。

6.2 中国产业发展与人力资本积累

中国经济增长中高速换挡的新常态已经摆在面前，经济增长动能也在向创新驱动转换，包括供给侧结构性改革，这都需要大量的高素质人才，作为基层的产业工人的技能亦需升级。众所周知，创新是经济增长的引擎，未来国家的经济增长必将加倍地来自创新驱动的生产率增长。当然，创新驱动仍然脱离不了土地、劳动、资本等要素投入，怎样把这些传统要素有效地整合在一起，才是创新驱动的贡献。企业作为创新成果的转化平台，无论是从内部研发着手，还是从外部购买专利产品，都需配套高技能员工与创新生产相适应，即创新研发与人力资本投入之间存在互补的关系。Nelson 和 Phelps(1996 年)分析了这种现象，他们指出受过良好教育的人成为更好的发明家，教育加速了技术扩散的进程。沿着这个思路，我们能够想象人力资本可能“不仅仅是另一种简单的经济增长影响因素”，而是可以催化研发、创新结果的因素。这样看来，研发活动需要人力资本投资来提升效率，反过来人力资本可以进一步促进企业生产率的提高。正如 Acemoglu(1997 年)的研究结论所说，当企业引进新技术或生产环境发生剧烈的变化时，培训是企业渡过关键时刻的关键要素。因此，直觉上讲，在职培训能够通过创新研发等活动催发企业形成一种“学习效应”。接下来，首先简要回顾新中国职业教育以及在职培训的发展历程。

6.2.1 我国职业教育概况

政府的职业教育政策能够促进一定历史时期的教育目标完成，从而提升国家的整体职业素质，我国相关政策法规对教育机构以及企业执行在职教育的要求，如表 6-1 所示。

表 6-1　中国职业教育主要相关政策法规

颁布日期	政策名称	政策主要内容	发布单位
1949/12/23	《第一次全国教育工作会议》	整顿和发展中等技术教育，鼓励创办技术培训班，积极倡导各级毕业生除升学外，进入各级技能学校和培训班	教育部
1951/10/1	《关于改革学制的决定》	新中国学制诞生，职业学校被改为中等专业学校；规定了培养职业技术人才的学校类型有大学、专门学院、专科学校和中等专业学校	政务院
1953/1/13	“整顿巩固，重点发展，提高质量，稳步发展”的文教方针	中央各工业及相关部门对所属的中等专业学校在专业设置、教学计划等方面进行了改革	政务院文教委员会
1954/9 1954/11	《关于改进中等专业教育的决定》《中等专业学校章程》	将工作重点转向建立中等专业教育制度，并对中等专业教育提出了更高的要求	政务院
1985/5/27	《关于教育体制改革的决定》	提出发展职业教育的详细要求，要求分流部分青年到职业教育中去，有计划推进部分普通高中转为职业高中，强调高等职业院校骨干力量	中共中央
1994/7/5	《中华人民共和国劳动法》	第 8 章第 68 条规定，用人单位应当建立职业培训制度，按照国家规定提取和使用职业培训经费，根据本单位实际，有计划地对劳动者进行职业培训	第八届全国人大
1996/5/15	《中华人民共和国职业教育法》	第 4 章第 28 条规定，企业应当承担对本单位的职工和准备录用的人员进行职业教育的费用，具体办法由国务院有关部门会同国务院财政部门或者由省、自治区、直辖市人民政府依法规定；第 29 条规定，企业未按本法第 20 条规定实施职业教育的，县级以上地方人民政府应当责令改正；拒不改正的，可以收取企业应当承担的职业教育经费，用于本地区的职业教育	第八届全国人大
2000/3/21	《关于全面推进素质教育、深化中等职业教育教学改革的意见》	要提高中等职业教育教学质量和办学效益；优化专业设置，加强专业建设；增加对职业教育课程改革和教材建设的经费投入	教育部

（续表）

颁布日期	政策名称	政策主要内容	发布单位
2005/10/28	《关于大力发展职业教育的决定》	职业教育要为现代化建设服务，为新型工业化、农村劳动力转移、新农村建设、提高劳动者素质，特别是职业能力服务；依靠行业企业发展职业教育，推动职业院校与企业的密切结合	国务院
2010/5/5	《国家中长期教育改革和发展规划纲要（2010—2020年）》	将职业教育作为我国经济、社会、产业发展的重要部分，其发展规模和专业设置要符合社会、经济的发展水平，要坚持中等职业教育与高等职业教育的发展并举	国务院
2014/5/2	《关于加快发展现代职业教育的决定》	全面部署加快发展现代职业教育，提出"到2020年，形成适应发展需求、产教深度融合、中职高职衔接、职业教育与普通教育相互沟通，体现终身教育理念，具有中国特色、世界水平的现代职业教育体系。"	国务院

资料来源：作者根据相关法规整理。

通过上述法律政策的梳理，可以发现，新中国的职业教育发展演化大致可以分为五个阶段：(1)职业教育的探索发展阶段(1949—1958年)；(2)停滞不前阶段(1959—1977年)[①]；(3)调整教育结构阶段(1978—1990年)；(4)法律法规完善阶段(1991—1999年)；(5)全面深化发展阶段(2000年至今)。我国职业教育体系从无到有的艰苦创业历程经历了曲折、停滞，到调整、完善，最终进入新时期的全面深化发展阶段。每一个阶段都为当时社会生产力的发展提供了人力资源保障。特别是进入改革开放之后，农村家庭联产承包责任制释放了大量的农村剩余劳动力进入城镇，成为产业工人，职业教育需要给当时技能低下的农民以培训，1985年出台的《关于教育体制改革的决定》，鼓励部分青年分流到中等职业教育中去，以满足劳动力市场对技能人才的需要。然而，改革初期，中国的产业发展还大多停留在劳动力密集型行业，适当的培训可能满足当下的需要，以就业为导向的职业教育改革

① 由于1966—1976年的文革，我国职业教育的发展出现了停滞。

与发展已逐渐成为社会共识,职业教育规模进一步扩大,服务经济社会的能力显著增强。但是,随着经济改革的深化,中国产业结构升级的步伐加快,越来越多的产业对高技能人才的需求急剧上升。作为发展中国家,中国当前面临着职业工人技能相对低下与先进生产力要求的现实差距,与发达国家还有很大差距。

伴随中国加入 WTO,产业对劳动力需求骤增,2003 年之后,我国"长三角""珠三角"出现了不同程度的"民工荒",把这一现象的出现说成劳动力的短缺并不科学,本质上是"技工荒",产业发展的进步对更多技能工人的需要:一方面,大学生面临"毕业就失业",进城务工人员也难以找到工作;另一方面,是大量企业招不到熟练的技术工人,从而不得不减少产量。而进城务工人员和刚毕业的大学生没有接受过专业的职业培训和教育,工厂所需的技能他们并没有,这往往是他们很难得到雇佣的原因。特别是 2008 年金融危机之后,我国居民消费结构水平发生变化,居民对消费品的质量以及功能提出了更高的要求。因此,倒逼着中国的企业需要进行供给侧结构性改革,提升产品的质量。可见,职业教育仍然是我国教育事业的薄弱环节,发展不平衡,投入不足,办学条件比较差,办学机制以及人才培养的规模、结构、质量还不能适应经济"新常态"的需求。经济进入"新常态"以来,要求职业教育更多的与产业发展结合起来,要求企业更多地参与到职业教育中来,国务院早在 2005 年就开始积极引导企业参与职业教育,《关于大力发展职业教育的决定》提出"依靠行业企业发展职业教育,推动职业院校与企业的密切结合";2010 年颁布的《国家中长期教育改革和发展规划纲要(2010—2020 年)》提出"将职业教育作为我国经济、社会、产业发展的重要部分";2014 年《关于加快发展现代职业教育的决定》进一步提出"产教深度融合"。

6.2.2 我国企业在职培训概况

企业参与职业教育的具体形式主要表现为在职培训,在职培训是由企事业单位直接或委托其他培训机构对员工实施的培训，其目的在于提高劳动者的技能素质水平。在职培训也称职工教育，又称“工作现场培训”，它是人力资本投资的重要形式，是对企业内部具有劳动关系的各类人员进行的再教育活动。

当企业抱怨“民工荒”的同时，我们重新审视企业在职培训就会发现，企业应该承担起自己的责任，如果能够自己培育技能工人，“民工荒”的严重程度可能会有所缓解，表 6-2 反映了 2004—2007 年中国工业企业员工培训参与度的情况。

表 6-2 企业员工培训参与度

项 目	2004	2005	2006	2007
总体平均	42.65%	40.78%	41.12%	40.34%
培训参与度最低的行业	31.78%	31.17%	30.63%	29.59%
培训参与度最高的行业	62.06%	56.64%	56.38%	57.10%

注：2004—2005 年员工培训参与度最低的行业为木材加工及木、竹、藤、棕、草制品业，2006—2007 年为皮革、毛皮、羽毛(绒)及其制品业；2004—2007 年员工培训参与度最高的行业均为医药制造业。

表 6-2 整理了制造业行业中企业员工培训参与度信息，从这一信息来看，我国制造业企业的员工培训参与度还是比较高的，各年平均参与水平达到 40%左右。但是，不同行业的差别也是显著的，这与行业特征有密切关系，参与度最高与最低的行业大约相差 2 倍之多。对于员工培训更加积极的是那些技术密集型行业，他们需要通过教育员工来更好地提升产品科技含量，从而顺利将研发成果转化为实际产品，如医药制造业。而木材加工、皮革制品业等劳动力密集型行业则在员工培训投入上略低，如图 6-1 所示。

图 6-1 中平均员工教育费用投入强度是行业员工培训费与销售额的比值，中国规模以上制造业这一数据仅为 0.04%，技术密集型行业在这一指标上仍然处于领先，劳动密集型行业落后较多；相反，发达国家这一比例不少于 1%，我国上市公司在 2010—2014 年的平均值也只

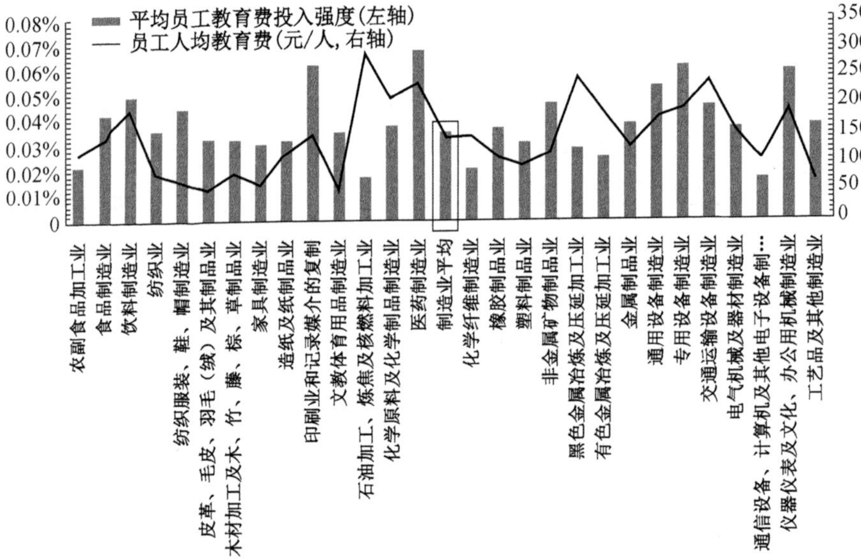

图 6-1　2004—2007 年产业员工培训费用投入情况

有 0.22%(纪国辉，2016 年)。可见，在员工教育费用投入上，中国与发达国家差距悬殊。因此，国家也积极出台了一系列有关员工在职培训费用抵扣税的优惠政策，以期提高企业对于在职培训的积极性，具体条款如表 6-3 所示。

表 6-3　中国企业职工教育经费抵扣政策

实施日期	政策法规	企业类型	抵扣比例	发布单位
2002/8/24	《关于大力推进职业教育改革与发展的决定》	一般企业	1.5%	国务院
		从业人员技术要求高、培训任务重、经济效益较好	2.5%	
2006/1/1	《关于企业技术创新有关企业所得税优惠政策的通知》	进行技术创新的企业	2.5%	财政部、国家税务总局

（续表）

实施日期	政策法规	企业类型	抵扣比例	发布单位
2010/1/1	《关于技术先进型服务企业有关企业所得税政策问题的通知》	经认定的技术先进型服务企业	8%	财政部、国家税务总局等
2012/1/1	《关于中关村、东湖、张江国家自主创新示范区和合芜蚌自主创新综合试验区有关职工教育经费税前扣除试点政策的通知》	上述三个国家自主创新示范区和合芜蚌自主创新综合试验区内企业	8%	财政部、国家税务总局
2013/1/1	《关于苏州工业园区职工教育经费税前扣除和股权奖励个人所得税试点政策的通知》	园区内高新技术企业	8%	财政部、国家税务总局
2015/1/1	《关于高新技术企业职工教育经费税前扣除政策的通知》	高新技术企业	8%	财政部、国家税务总局
—	其他特殊行业政策	动漫产业、软件产业和集成电路产业，航空企业、核力发电企业	100%	财政部、国家税务总局

资料来源：作者根据相关法规整理。

由表 6-3 可知，政府也在积极推进对于创新企业以及扶持产业员工教育费用上的税收优惠，而这一优惠到底有何效果也许要相关研究落实，需要下文继续深入探讨。

6.3 优秀的企业选择人力资本投入

研究员工培训对收入的影响，首先要厘清是什么因素决定了企业去做员工培训，因为难以保证不是那些具有优秀绩效的企业在做员工培训，这会给回归结果带来内生性问题。对于企业选择员工培训的影响因素研究,Berker(1962 年)曾提出,企业提供在职培训的前提条件是员工接受工资的相应抵扣,而最低工资的实施却会在一定程度上阻碍企业为员工提供培训的概率,某种意义上来说,企业提供在职培训会减少员工的收入。实证方面的研究也捕捉到了这一点,如 Hashimoto(1982 年)、Neumark 和 Wascher(1998 年)。马双和甘犁(2014 年)通过匹配中国各地市最低工资与规模以上制造业企业的面板数据发现最低工资每增加 10%,企业提供在职培训的可能性显著下降 0.86%。当然,也有实证研究不支持这个负向关系,如 Grossberg 和 Sicilliant(1999 年)、Accmoglu 和 Pischke(2003 年)。Brown(1990 年)注意到一个重要的现象:大企业比同类小企业提供了更多的员工培训,即企业规模对企业人力资本投资决定具有明显的制约作用。换句话说,大企业提供了员工培训能获得规模经济带来的好处,从而更愿意对员工进行培训。

但是,前人的研究忽视了企业绩效也可能影响企业对培训活动的选择,这是自选择问题。所以本章进一步考虑双向因果问题,从而提供了一个影响企业选择员工培训的新思路。从截面数据观察,员工培训与企业绩效正相关,如图 6-2 所示。

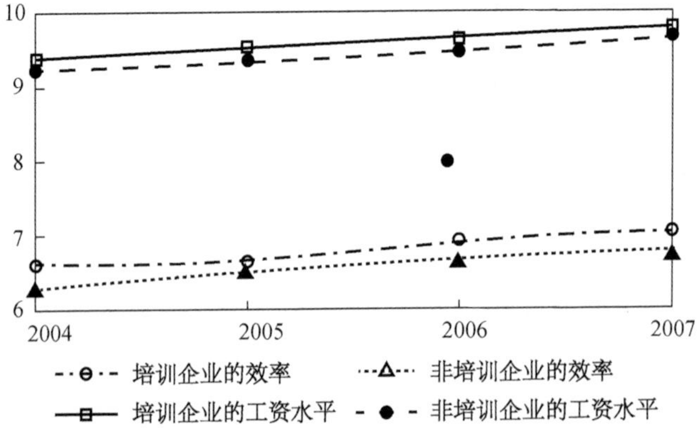

图 6-2　做员工培训与不做员工培训企业的绩效差异

资料来源:作者根据《中国工业企业数据库(2004—2007 年)》绘制。

根据企业是否有培训费用支出，可以将企业分为做员工培训和不做员工培训两组，中国规模以上工业企业(2004—2007 年)两组样本的全要素生产率以及平均工资水平的均值变化趋势如图 6-2 所示。可以发现：第一，无论是全要素生产率还是平均工资，两组均值都随着时间而提高，趋势基本一致，说明有些宏观因素共同影响了两类企业；第二，尤为重要的发现是做员工培训的企业拥有更高的生产率水平、更高的平均工资，两组企业间存在效率以及工资差距，这与直觉相符，但是也给实证分析提出了挑战。简单的数据罗列并不令人信服，这些选择了员工培训的企业是否绩效本来就好，还是因为他们拥有着优异表现，所以选择了做员工培训，通过图 6-2 是得不到答案的，本章接下来将通过更加系统的计量方法回答这些问题。

6.3.1 数据与变量

6.3.1.1 数据处理

本章数据源自国家统计局维护的《中国工业企业数据库》，时间跨度是 1998—2007 年，数据集所含变量个数有 100 多个，以企业特征、财务指标为主。虽然数据包括 10 年样本，但是本章只选取 2004—2007 年观测值，因为只有 2004—2007 年报告了员工培训费用。另外，本节参照路江涌(2008 年)的做法，将国有企业和外资企业(包括港澳台资)删除，因为这两类企业的经营环境相比其他企业来说缺乏一般性。最后，通过对财务指标(如总资产、工业总产值等)异常或缺失(Cai 和 Liu，2009 年)、从业人数小于 8 人(Brandt 等，2012 年)、销售收入小于 500 万元(聂耀华等，2012 年)等异常样本进行了剔除。经过上述处理，得到用于实证研究的样本观测值，覆盖了 2004—2007 年的 4 年数据，共 646 223 个样本观测值。

6.3.1.2 变量的选择与处理

本章用到的变量包括企业的工业总产值、工业增加值、年平均就业人数、年末固定资产净值余额、固定资产原值、职工教育费用

(worker training，下文简称 WT)和工资总额等。一些变量受到价格因素影响，需要用相应的价格指数进行平减，从而剔除价格影响。其中，企业的工业总产值和工业增加值数据利用 Brandt 等(2012 年)4 位代码行业层面的产出品价格指数进行平减，工资总额数据利用消费价格指数(以 2003 年为基期)进行了平减。固定资产年末净值余额和固定资产原值主要用来估算企业的资本存量，本章参照汤学良和吴万宗(2015 年)给出的永续盘存法估算资本存量。

6.3.1.2.1　刻画企业绩效的变量

参考 Bernard 和 Jensen(1999 年)与金祥荣等(2011 年)的做法，将企业绩效变量分为两类：一是总量指标，包括工业总产值(*loutput*)和就业人数度量的企业规模(*lemp*)；二是效率指标，主要包括人均工业增加值(*lperva*)、人均工资(*lperwage*)、资本密度(*lpercap*)、全要素生产率(*tfp*)，实证分析时这些变量均取自然对数值。对于全要素生产率的计算，较流行的方法是 Olley 和 Pakes(1996 年)的方法[①]，本章基于此估算企业全要素生产率，该方法能有效解决 OLS 估计带来的同时性偏误(simultaneity bias)和样本选择性偏误(selection bias)。

6.3.1.2.2　企业员工培训参与变量

根据数据库中报告的“员工培训费用”指标来定义企业是否进行了员工培训。即如果企业的 *WT* 投入金额大于 0，就认为该企业在当年开展了员工培训活动；如果企业的 *WT* 投入金额为 0，就认为该企业在当年没有开展该项活动。

6.3.1.2.3　其他控制变量

“实验组-控制组比较”方法贯穿本章实证分析的始终，因此，有必要控制其他因素的影响。本节所考虑的其他控制变量主要包括：企业的出口和研发特征、4 位代码行业的虚拟变量、企业所处省份的虚拟变量以及时间虚拟变量。这些虚拟变量能够较好地控制企业微观特征、

① 详细的估计方法见本书第 1 章。

行业效应、区域效应和时间效应。本节没有控制所有制效应，因为本节所选制造业行业均为竞争性较强的行业，公有制企业占比极低，并且数据处理时也删除了国有企业与外资（含港澳台资）控股企业，进一步削弱了所有制的影响。

6.3.2 回归方法与结果

利用企业层面的总量指标和效率指标，本节讨论做员工培训的企业与不做员工培训的企业在经营表现上是否有显著的差异。基本的回归模型如下：

$$\ln X_i = \alpha + \beta_1 WT_i + \beta_2 Size_i + \delta D_i + \mu_i \tag{6-1}$$

式(6-1)中：X_i 表示企业经营表现的指标，包括规模指标和效率指标；WT_i 表示企业是否做员工培训的哑变量；$Size_i$ 是以就业人数衡量的企业规模指标；D_i 则包括企业所属行业虚拟变量、地区虚拟变量、时间虚拟变量。相对于不做员工培训的企业而言，回归系数 β_1 反映了做员工培训的企业在经营表现上的差异。为了更加细致地比较这两类企业在绩效表现上的差异，本章既考虑 2004—2007 年全部企业的混合回归，也分别考虑了各年单独回归的情况，并将回归结果 β_1 整理成表 6-4。

表 6-4 告诉我们，那些做了员工培训的企业无论是在总量指标上还是在效率指标上均显著地好于不做员工培训的企业。从总量指标看，做了员工培训的企业在规模上比不做的企业大 31.35%～42.73%，可见这类企业吸收的就业人数更多；在工业总产值上，做员工培训的企业则要高出 8.46%～14.74%。从效率指标看，做员工培训的企业在劳动效率（由人均工业增加值指标度量）上要高出 8.61%左右，在人均工资水平上则要高出大约 9.59%，在资本密度上更是高出 15.89%，而全要素生产率水平上也高出 6.26%左右，这些回归结果进一步验证了图 6-2 所示的结论。员工培训企业所表现出的绩效优势需

表 6-4　员工培训企业的绩效表现

变量	所有样本	2004	2005	2006	2007
lemp	0.321 2(0.002 8)***	0.427 3(0.004 8)***	0.323 8(0.005 2)***	0.313 5(0.004 8)***	0.322 6(0.004 5)***
loutput	0.090 2(0.002 6)***	0.147 4(0.005 5)***	0.084 8(0.004 8)***	0.084 6(0.004 6)***	0.097 7(0.004 4)***
lperva	0.086 1(0.003 0)***	0.145 0(0.005 0)***	0.083 3(0.005 4)***	0.075 7(0.005 1)***	0.094 2(0.004 8)***
lperwage	0.095 9(0.001 6)***	0.137 0(0.003 0)**	0.098 5(0.002 8)***	0.102 7(0.002 7)***	0.088 2(0.002 7)***
lpercap	0.158 9(0.003 6)***	0.229 3(0.006 4)***	0.145 4(0.006 7)***	0.154 4(0.006 2)***	0.172 8(0.005 9)***
tfp	0.062 6(0.002 8)***	0.112 1(0.004 8)***	0.063 0(0.005 2)***	0.052 9(0.004 9)***	0.068 0(0.004 6)***
观测值	487 901	158 322	142 563	162 003	183 335

注：* * * 表示在 0.001 的显著性水平上显著；系数后括号内的值为稳健性标准误(下表同)；在总体回归时控制了时间效应；当企业规模作为被解释变量时，控制变量中没有企业规模变量(下表同)。

要我们追问如下问题:到底是优秀的企业选择做员工培训,还是做员工培训使得企业变得更优秀。现有截面数据的比较分析是不能够回答这些问题的,还需要进一步分析个体企业在员工培训活动前后的经营差异。

优秀的企业是否选择做员工培训,本章分两步来分析:第一步分析当期做员工培训的企业是否在之前就已经表现优秀,如果答案是肯定的,那么第二步继续讨论企业之前的绩效优势是否会影响当期做培训的决策,即优秀的企业是否更有可能选择做员工培训。

先从水平值上分析那些做员工培训的企业是否在 1 年前、2 年前或 3 年前就已经在绩效上好于不做员工培训的企业(受到数据限制,我们只能做到前 3 年)。首先,保留连续 2 年(2004—2005 年,2005—2006 年,2006—2007 年)均存在且初始年(2004、2005 或 2006 年)没有 WT 投入的企业样本,然后分析在最终年(2005、2006 或 2007 年)选择员工培训的企业是否在初始年(2004、2005 或 2006 年)就已经表现优秀;其次,保留连续 3 年(2004—2006 年,2005—2007 年)存在且初始 2 年(2004—2005 年或 2005—2006 年)不做员工培训的企业样本,然后分析在最终年(2006 年或 2007 年)选择培训的企业是否在初始年(2004 年或 2005 年)就已经表现优秀;最后,保留连续 4 年(2004—2007 年)均存在且初始的 3 年(2004—2006 年)没有 WT 投入的企业样本。这三组回归方程如下:

$$\ln X_{i0} = \alpha + \beta_1 WT_{iT} + \beta_2 Size_{i0} + \beta_3 RD_{i0} + \beta_4 EX_{i0} + \delta D_i + \mu_i \tag{6-2}$$

式(6-2)中:X_{i0} 表示企业在初始年的绩效水平指标;WT_{iT} 表示企业在最终年是否做员工培训的哑变量;$Size_{i0}$、RD_{i0}、EX_{i0} 则分别表示初始年企业规模、初始年企业是否有研发投入、初始年企业是否有产品出口等变量,以此控制企业微观特征;同样,D_i 包括企业所属行业虚拟变量、地区虚拟变量、时间虚拟变量;系数 β_1 则捕捉了最终年做与不做员工培训的企业在初始年的经营表现差异。需要强调的是,式

(6-2)同式(6-1)一样,均没有捕捉因果关系,其本质只是在反复使用"实验组-控制组比较"方法来展示做或者不做员工培训的企业在初始年的绩效差异,这一信息被整理成表 6-5。

表 6-5　员工培训企业的先验表现(水平值)

变量	$T=1$	$T=2$	$T=3$
lemp	0.164 4(0.006 7)***	0.169 2(0.014 8)***	0.096 4(0.020 5)***
loutput	0.079 0(0.006 2)***	0.071 4(0.013 0)***	0.031 2(0.017 3)[a]
lperva	0.093 0(0.007 0)***	0.078 5(0.006 7)***	0.051 3(0.020 8)*
lperwage	0.048 3(0.003 8)***	0.016 7(0.008 2)*	0.004 3(0.010 8)
lpercap	0.147 5(0.008 6)***	0.101 9(0.018 5)***	0.058 7(0.027 2)*
tfp	0.069 9(0.006 7)***	0.062 7(0.014 5)***	0.041 1(0.019 9)*
观测值	105 112	24 387	12 882

注:* * *,* *,*,a 分别表示在 0.001,0.01,0.05,0.1 水平上显著;对于 $T=1$ 或 $T=2$ 可能出现的多组情况,回归过程中控制了时间效应;下表同。

表 6-5 显示,相对于一直没有进行员工培训的企业而言,在最终年选择做员工培训的企业在之前就已经表现优秀,并且这种优秀既体现在总量指标上也体现在效率指标上。比如,从企业规模上看,做培训的企业在前 1 年吸收就业人数上要高出不做培训的企业 16.44%,甚至在前 2 年、前 3 年也比不做培训的企业分别高出 16.92%和 9.64%。在效率指标方面,全要素生产率指标在 1 年前、2 年前和 3 年前分别高出 6.99%、6.27%和 4.11%;需要指出的是,指标中差异最小的是人均工资,由于劳动法的保护以及竞争性行业劳动力流动性较高,相似企业(包括 4 位行业代码相同和所属区域相同等)的人均工资差异应该比较小,这从回归结果中也可以看出,做员工培训的企业在 1 年前、2 年前和 3 年前仅仅分别高出 4.83%、1.67%和 0.43%。当然,这些结果随着滞后时间的增加,优势是逐步减弱的。

除了在水平值上得出企业在做员工培训之前就已经表现优秀的结论,本章进一步考虑最终年做员工培训的企业在前期各项指标上是否提升得也比较快，因为经营表现优秀除了体现在水平值上还体现在各项指标的增长幅度上。因此，构建如下回归方程：

$$\Delta X_{iT-1} = \frac{1}{T-1}(\ln X_{iT-1} - \ln X_{i0}) = \alpha + \beta_1 WT_{iT} + \beta_2 Size_{i0} + \beta_3 RD_{i0} + \beta_4 EX_{i0} + \delta D_i + \mu_i \quad (6\text{-}3)$$

式(6-3)中：ΔX_{iT-1} 表示企业在 T 期以前各项绩效指标的变化幅度。这显然要求 $T \geqslant 2$，根据本章数据的时间跨度，$T=2$ 的情形为2004—2006年、2005—2007年两组，2006、2007年分别为最终年，2004、2005年分别为初始年；$T=3$ 的情形为2004—2007年一组，2007年为最终年，2004年为初始年。WT_{iT} 表示企业在最终年是否做员工培训的哑变量，其余控制变量的含义与式(6-2)一致，此处不再赘述。那么，系数 β_1 就能够捕捉到那些做培训的企业在过去时间段绩效指标是否有显著增长。如果 β_1 的估计值显著的 >0，则从经营效果提升的角度来看，那些做员工培训的企业在做之前就已经比较优秀了，将回归所得 β_1 整理成表6-6。

表6-6　员工培训企业的先验表现(变化值)

变量	$T=2$	$T=3$
lemp	0.030 0(0.006 2)***	0.025 6(0.005 6)***
loutput	0.035 8(0.008 4)***	0.039 8(0.007 3)***
lperva	0.021 2(0.013 1)**	0.019 7(0.010 7)[a]
lperwage	0.036 2(0.008 7)***	0.016 8(0.006 4)**
lpercap	0.011 8(0.009 6)*	0.005 3(0.009 0)
tfp	0.026 4(0.012 5)***	0.027 3(0.010 3)**
观测值	24 387	12 882

从总量指标上看，最终年做员工培训的企业相对于不做的企业，企业规模的年均增长幅度高出2.56%～3.00%，工业总产值的年均增

长幅度高出 3.58%～3.98%。效率指标上看，做员工培训的企业相对于不做的企业而言，人均工资年均增长幅度高出 1.68%～3.62%，全要素生产率年均增长幅度则高出 2.64%～2.73%。资本密度这一指标不是十分显著，这可能和企业经营周期内资本投入相对稳定而就业规模不断提升有关。

通过表 6-5 和表 6-6 可以得出一个结论：当期做员工培训的企业在前期就已经表现得比较优秀了，前期的企业绩效不仅在水平值上表现得高，增长幅度也更大。那么，接下来需要检验另一个问题：这些绩效优秀的企业是否会选择做员工培训？本章通过构建概率模型来捕捉这种因果关系，借鉴 Bernard 和 Jensen(1999 年)的方法，假设企业是否选择对员工进行教育的决策取决于做员工培训所带来的预期收益是否大于付出的成本。因此，有如下的决策模型：

$$WT_{it}\begin{cases}1 & if\ R_{it}+\delta\Delta V_{it+1}>C_{it}+SC(1-WT_{it-1})\\ 0 & otherwise\end{cases}$$

$$where\ \Delta V_{it+1}=E_t(V_{it+1}\mid WT_{it}=1)-E_t(V_{it+1}\mid WT_{it}=0) \tag{6-4}$$

式(6-4)中：R_{it} 和 C_{it} 分别表示当期的收入与可变成本；ΔV_{it+1} 表示做员工培训给企业带来的预期价值增加值；δ表示贴现率；SC 表示做培训所必须付出的沉没成本(sunk cost)；WT_{it} 和 WT_{it-1} 分别表示企业当期和滞后一期的 WT 活动状态变量。显然，若前一期已经做了培训，那么当期不再需要支付沉没成本。

作为结构方程，式(6-4)难以作为回归方程，考虑到企业 R_{it}、C_{it} 和 V_{it+1} 等变量实际上是由企业本身的特征和所处的经济环境决定，因此，进一步将式(6-4)改写为：

$$WT_{it}\begin{cases}1 & if\ \beta X_{it}-SC(1-WT_{it-1})+\varepsilon_{it}>0\\ 0 & otherwise\end{cases} \tag{6-5}$$

式(6-5)中：ε_{it}是扰动项；X_{it}包含企业个体特征和所处经济环境特征。企业自身特征变量主要考虑了企业规模、人均工资水平、资本密度、全要素生产率水平等绩效表现以及不可观测的企业异质性。这里不考虑与工业产值或增加值有关的变量，主要是因为这些变量是当期经营的结果而不是因素。企业所处经济环境特征用企业所处的2位代码行业虚拟变量、所处地区虚拟变量以及时间虚拟变量来控制。进一步将式(6-5)写成线性概率模型(Linear Prability Model, LPM)形式：

$$WT_{it} = \alpha_i + \beta X_{it} - SC \cdot WT_{it-1} + \delta D_i + \varepsilon_{it} \qquad (6\text{-}6)$$

式(6-6)中：α_i控制企业异质性特征；X_{it}是企业绩效表现特征；企业所处的经济环境特征由D_i控制。线性概率模型(LPM)估计有两个好处：一是用FD(first difference)方法控制企业的异质性α_i(出于稳健性考虑，只考虑固定效应的异质性)；二是方便处理WT_{it-1}带来动态影响。但是，式(6-6)仍然存在着较强的同时性问题(simultaneity problem)，因为企业绩效特征X_{it}也会受企业WT_{it}决策的影响。处理这种内生性问题本章参考了Bernard和Jensen(1999年)的方法，将X_{it}全部取滞后一期X_{it-1}来降低同时性问题。从而，回归方程改写为：

$$WT_{it} = \alpha_i + \beta X_{it-1} - SC \cdot WT_{it-1} + \delta D_i + \varepsilon_{it} \qquad (6\text{-}7)$$

对于式(6-7)来说，所有解释变量被滞后一期来解决同时性问题(simultaneity problem)，但当采用FD方法处理企业的固定效应异质性时，差分后的扰动项会和滞后的解释变量再次产生内生性问题，再次依据Bernard和Jensen(1999年)，本章使用X_{it-2}，WT_{it-2}作为工具变量处理内生性。那么，系数β恰好可以用来捕捉前期绩效表现是否对当期WT决策产生影响，如果$\beta>0$，说明优秀的企业更倾向于选择做员工培训，这正是本章想要检验的命题。

表6-7包括了2004—2007年整个数据期间的估计结果，检验了前文的设想：那些早期优秀的企业有更大的概率选择做员工培训。其中，

企业 WT 活动的惯性影响最大,前一期做了培训的企业持续做下去的概率为 0.186 0;前一年度规模较大的企业,在下一期越有可能加大对员工教育的投入。同样,前一年度人均工资较高、资本密度和全要素生产率越大的企业下一期做培训的可能性也越大,回归结果较显著地支持了优秀的企业选择做员工培训的结论。

表 6-7 企业的员工培训决策

变量	First Differences
企业 $t-1$ 期员工培训哑变量	0.186 0(0.013 5)***
企业 $t-1$ 期企业规模	0.031 6(0.001 0)**
企业 $t-1$ 期人均工资	0.012 0(0.005 9)*
企业 $t-1$ 期资本密度	0.010 7(0.006 0)[a]
企业 $t-1$ 期全要素生产率	0.010 0(0.004 3)*
观测值	43 394

6.4 人力资本投入与企业工资差异

上节的研究表明企业绩效是企业选择员工培训的影响因素,所以在进行员工培训对企业工资差异影响的研究时,需要控制住企业的绩效。直觉上看,在职培训能够提高员工接受新技术的能力,使企业的研发和创新顺利地转化为最终产品并更有效率的大规模生产。Barrett 和 O'Connell(2001 年)利用 1993 年、1996—1997 年的爱尔兰企业调查数据进行研究,发现在控制了其他相关变量之后,企业内一般的员工教育能够显著提高企业的效率。Dearden, Reed 和 Van Reenen(2005 年)通过一个英国工业的面板数据,运用 System-GMM 的方法估计了 1983—1996 年间员工培训与企业绩效之间的关系,他们发现在一个产业内,受训员工比例增加 1%(从 10%~11%),那么企业的人均工业增加值将增加 0.6%。Conti(2005 年)、Colombo 和 Stanca(2008 年)、

Almeida 和 Carneiro(2009 年)都得到了类似的结论,即员工培训能够促进企业的效率。Grip 和 Sauermann(2012 年)通过一个实验更加强化了接受培训的员工会有更大生产率的观点,并进一步证明,这种效率的提升并不是通过提供更加低质量的产品达到的。沿着本书第 3 章的思路,如果员工教育费用的投入能够改善企业的全要素生产率,那么也一定会提升员工的收入水平,本节运用计量方法去证明这一点。

6.4.1 数据与变量

本章数据源同样来自国家统计局维护的《中国工业企业数据库》,时间跨度是 1998—2007 年,数据集所含变量个数有 100 多个,以企业特征、财务指标为主。虽然数据包括 10 年样本,但是本章只选取 2004—2007 年观测值,因为只有 2004—2007 年报告了员工培训费用。另外,本节参照路江涌(2008 年)的做法,将国有企业和外资企业(包括港澳台资)删除,因为这两类企业的经营环境相比其他企业来说缺乏一般性。最后,通过对财务指标(如总资产、工业总产值等)异常或缺失(Cai 和 Liu, 2009 年)、从业人数小于 8 人(Brandt 等,2012 年)、销售收入小于 500 万元(聂耀华等,2012 年)等异常样本进行了剔除。经过以上述处理,得到用于实证研究的样本观测值,覆盖了从 2004—2007 年的 4 年数据,共 646 223 个样本观测值。变量的选取与上节一致,故不再赘述。

6.4.2 回归方法与结果

上节说明了那些做培训的企业绩效在之前就已经表现优秀,并且越是优秀的企业越会选择做培训,即企业的员工培训决策带有较强的“自选性”。但是,本章更关心的是那些选择了做员工培训的企业效率、工资水平是否能够得到提升,这关系到企业做员工培训的意义。

首先,相对于没有做员工培训的企业而言,当期做员工培训的企业对其当期的各项绩效指标是否更好,可以考虑动态面板模型,通过增加绩效变量的滞后一期控制“自选择效应”对实证结论的影响。使用动态面板模型除了可以控制员工培训的“自选择效应”,还控制了企业的个体异质性。在估计动态面板时,本章考虑了更为稳健的系统广义矩估计方法(SYS-GMM),具体的回归模型为:

$$\ln X_{it} = \alpha + \beta_1 \ln X_{it-1} + \beta_2 WT_{it} + \beta_3 Size_{it} + \beta_4 RD_{it} + \beta_5 EX_{it} + \delta D_i + \varepsilon_{it} \quad (6\text{-}8)$$

系数 β_2 说明绩效差异,回归结果在表 6-8 中(当期绩效部分)呈现。表 6-8 中的结果(1)和(2)分别是没有考虑研发与出口、考虑研发与出口情形下的动态面板 SYS-GMM 回归结果。可以看到,考察当期培训对当期绩效的水平影响时,员工培训对于工业增加值、人均工业增加值、资本密度、人均工资和全要素生产率等 5 个效率指标有显著且稳健的正向作用。

其次,本章还考虑了当期做员工培训的企业未来期各项绩效增速是否会提高,依据以下具体的回归方程:

$$\Delta X_{iT} = \frac{1}{T}(\ln X_{iT} - \ln X_{i0}) = \alpha + \beta_1 WT_{i0} + \beta_2 Size_{i0} + \beta_3 RD_{i0} + \beta_4 EX_{i0} + \delta D_i + \varepsilon_{iT} \quad (6\text{-}9)$$

式(6-9)中:ΔX_{iT} 度量了企业绩效的年均增幅;WT_{i0} 是企业在初始期是否做员工培训的状态变量。分三种情况进行回归分析:首先,考虑 $T = 1$ 的情况,保留数据集中连续 2 年存在(2004—2005 年,2005—2006 年,2006—2007 年)的企业样本,定义企业在初始年(2004、2005 或 2006 年)的 WT 活动状态变量,以及企业规模、研发变量和出口变量等其他控制变量,计算出从初始年(2004、2005 或 2006 年)至最终年(2005、2006 或 2007 年)企业各项绩效指标的变化量,利用式(6-9)进行回归;其次,再考虑 $T = 2$ 的情况,保留 2004—2006 年或 2005—2007 年这 3 年连续存在的企业样本,同样定义初始年(2004 或 2005 年)企业 WT 活动的状态变量和其他控制变量,计算从 2004—2006 年或 2005—2007 年企业各个绩效指标的年均变化量,继而利用式(6-9)回归；最后，当 $T=3$ 时，保留2004—2007年连续4年存在的企业，同样定义初始年（2004年）企业 WT 活动的状态变量和其他控制变量，计算从2004—2007年企业绩效指标的变化量。系数 β_1 捕捉了那些做培训的企业在未来绩效表现上的变化，如果 $\beta_1>0$，说明当期做员工培训的企业在未来的经营表现有明显的提升，β_1 被整理成表6-8（未来绩效部分）。

从表6-8可以发现另外两个现象：第一，当期选择做员工培训的企业在规模增速上要快于当期不做培训的企业，高出0.68%～1.49%，但是这种效应随着时间增加是衰减的。第二，当期选择做员工培训的企业，在工业总产值、人均工业增加值、资本密度、人均工资和全要素生产率的增速上都比那些没有做员工培训的企业慢，并且显著。

最后，当企业选择做员工培训之后，只在吸纳就业人数方面的增速是显著好于不做的企业，在效率指标上，做了员工培训的企业增速反而小于没有做的企业。原因可能有两点：一方面，培训投资短期内会缩减工时，间接减少生产总值，使得这种受教育的好处只有在一定长的时间内才能显现；另一方面，这可能是因为表6-8只利用了企业当期做员工培训的静态信息而没有考虑到动态信息。在给员工提供教育的行为上，有些企业是新进入的，而有些企业是一直做的，另外还有些企业则可能中途停止投资。利用动态信息对企业分类，可以重新审视企业在一些指标增速上的表现，考虑下述的回归模型：

$$\Delta X_{iT}=\frac{1}{T}(\ln X_{iT}-\ln X_{i0})$$

$$=\alpha+\beta_1 Start_{iT}+\beta_2 Both_{iT}+\beta_3 Stop_{iT}+\gamma Size_{i0}+\delta OtherControls_{i0}+\varepsilon_{iT} \tag{6-10}$$

$$Start_{iT}=1\ if\ WT_{i0}=0,\ WT_{iT}=1$$

$$Both_{iT}=1\ if\ WT_{i0}=1,\ WT_{iT}=1$$

$$Stop_{iT}=1\ if\ WT_{i0}=1,\ WT_{iT}=1$$

式（6-10）中：ΔX_{iT} 的含义与式（6-9）一致，并用 $OtherControls_{i0}$ 来

表 6-8　当期培训对当期绩效的影响 VS 当期培训对未来绩效增速的影响

变量	当期绩效		未来绩效增速		
	(1)	(2)	$T=1$	$T=2$	$T=3$
lemp	0.009 7(0.003 1)**	0.005 2(0.006 3)	0.014 9(0.001 7)***	0.006 8(0.001 8)***	0.008 6(0.001 6)***
loutput	0.001 8(0.003 4)	0.007 3(0.005 8)	−0.028 8(0.002 3)***	−0.016 5(0.002 5)***	−0.010 5(0.002 3)***
lperva	0.014 2(0.005 4)*	0.019 6(0.008 8)**	−0.042 8(0.003 7)***	−0.024 9(0.003 6)***	−0.020 0(0.003 1)***
lperwage	0.011 8(0.003 7)**	0.012 2(0.005 9)*	−0.022 4(0.002 5)***	−0.013 2(0.001 7)***	−0.016 7(0.001 8)***
lpercap	0.013 6(0.003 9)**	0.015 6(0.007 0)*	−0.060 0(0.002 9)***	−0.036 1(0.003 0)***	−0.032 3(0.002 7)***
tfp	0.009 4(0.005 5)^{a}	0.014 0(0.008 0)^{a}	−0.024 0(0.003 5)***	−0.014 8(0.003 5)***	−0.009 1(0.003 0)**
观测值	130 182	123 142	193 048	61 571	43 394

控制 4 位代码行业、企业所属省份等影响；$Start_{iT}$，$Both_{iT}$ 和 $Stop_{iT}$ 分别代表了在 T 期新进入做 WT、开始和最后都做 WT 以及开始做 WT 后来停止做 WT 的三类企业，而对照组则是在 $0-T$ 期之间一直不做 WT 的企业。对于 T 的分组情况也与式(6-9)一致，然后利用式(6-10)分别对各绩效变量的增速做回归，将 β_1、β_2 和 β_3 的信息整理成表 6-9。

显然，企业员工培训的动态行为不仅分离出了表 6-8 中部分混乱的结果，而且带来了更加细致和有趣的信息：第一，新选择员工培训的企业（$Start_{iT}=1$）在未来规模增速上是所有四类企业中最快的。第二，新选择员工培训的企业在未来效率指标的增速上也大多表现优秀，人均工业增加值、人均工资和全要素生产率等重要的效率指标增速表现好于其他三类企业。$Start_{iT}=1$ 的企业资本密度增速为负值且显著，说明不做员工培训的企业资本密度更大，但 $Start_{iT}=1$ 的企业比 $Both_{iT}=1$ 和 $Stop_{iT}=1$ 两类企业负向变化值小。第三，持续做员工培训的企业($Both_{iT}=1$) 除了在企业规模的增速上领先，并没有在效率指标上表现得更加优秀，反而小于一直不做培训的企业。第四，最初选择做员工培训而后来退出的企业($Stop_{iT}=1$)，除了在企业规模的增速上好于一直不做的企业，在各绩效表现上变得更差了。第五，各类企业在 $T=1$，$T=2$ 和 $T=3$ 这三个不同时间段之间，如果在 $T=1$ 的绩效指标是正，大多将呈现一个衰减趋势。例如，后来退出的企业($Stop_{iT}=1$) 的规模指标在 $T=1$，$T=2$ 和 $T=3$ 时分别为 0.005 6、0.045 和0.013。但是，如果在 $T=1$ 的绩效指标是负，大多将呈现一个回升趋势。例如，持续做员工培训的企业($Both_{iT}=1$) 的人均工资指标在 $T=1$，$T=2$ 和 $T=3$ 时分别为−0.020 8，−0.017 3 和−0.012 6。以上这两种趋势从不同角度说明了效率差异会因为持续选择员工培训而不断缩小。这里要强调的是，第五条结论仅仅是在 2004—2007 年的趋势，并不十分明显，若是研究时间更长，我们也许能够得出更精准的结论。

表 6-9　企业做员工培训的动态行为对未来绩效的影响

T=1	Start	Both	Stop
lemp	0.037 3(0.002 8)***	0.030 7(0.001 9)***	0.005 6(0.002 8)***
loutput	0.040 8(0.003 9)***	−0.016 8(0.002 6)***	−0.024 3(0.004 0)***
lperva	−0.001 5(0.006 0)	−0.048 8(0.004 2)***	−0.027 4(0.006 2)***
lperwage	0.017 5(0.004 1)***	−0.020 8(0.002 8)***	−0.010 5(0.004 3)***
lpercap	−0.009 1(0.004 9)***	−0.076 5(0.003 2)***	−0.022 7(0.004 8)***
tfp	0.023 3(0.005 7)***	−0.017 1(0.004 0)***	−0.021 3(0.005 9)***
T=2	Start	Both	Stop
lemp	0.038 1(0.002 7)***	0.032 7(0.002 7)***	0.004 5(0.002 5)*
loutput	0.054 7(0.004 0)***	−0.007 3(0.003 1)*	−0.019 4(0.003 9)***
lperva	0.020 7(0.005 3)***	−0.046 0(0.004 4)***	−0.020 1(0.005 4)***
lperwage	0.029 7(0.003 5)***	−0.017 3(0.002 7)***	−0.016 9(0.003 3)***
lpercap	−0.013 4(0.005 0)**	−0.059 5(0.003 8)***	−0.029 7(0.004 7)***
tfp	0.047 9(0.005 1)***	−0.015 3(0.004 2)***	−0.013 2(0.005 2)*
T=3	Start	Both	Stop
lemp	0.031 6(0.001 9)***	0.029 6(0.001 5)***	0.001 3(0.001 8)
loutput	0.037 5(0.002 7)***	0.009 5(0.002 2)***	−0.014 1(0.002 7)***
lperva	0.002 7(0.002 7)	−0.023 0(0.003 0)***	−0.015 0(0.003 6)***
lperwage	0.009 4(0.002 2)***	−0.012 6(0.001 8)***	−0.017 1(0.002 2)***
lpercap	−0.002 3(0.003 4)	−0.033 5(0.002 7)***	−0.016 7(0.003 3)***
tfp	0.024 3(0.003 4)***	0.002 1(0.002 9)	−0.011 6(0.003 5)***

在 $T=3$ 的情况下，还包含着连续 4 年（2004—2007 年）一直都做员工培训的企业，这类企业在经营绩效提升方面的表现，也很让人关注。保留连续 4 年存在的企业样本，并定义 4 年均作 WT 的状态虚拟变量 $Continuous_{iT}$，然后考虑如下的回归方程：

$$\Delta X_{iT} = \alpha + \beta Continuous_{iT} + \gamma Size_{i0} + \delta OtherControls_{i0} + \varepsilon_{iT}$$
$$Continuous_{iT} = 1 \ if \ WT_{iT} = 1, \ \forall t \in [0, T] \qquad (6\text{-}11)$$

式(6-11)的其他变量与式(6-10)一致，相对那些断断续续做或者一直没有进行员工培训的企业而言，系数 β 捕捉了连续做培训的企业在绩效增速上的表现，具体结果如表 6-10 所示。

表 6-10 企业连续做员工培训对未来绩效的影响

变量	*Continuous*(2004—2007 年)
lemp	0.016 8(0.001 7)***
loutput	−0.000 2(0.002 4)
lperva	−0.017 4(0.003 3)***
lperwage	−0.010 3(0.001 9)***
lpercap	−0.039 1(0.002 8)***
tfp	−0.000 2(0.003 2)
观测值	43 394

可以发现，企业从连续追加员工教育中的收获并不是这么明显，除了企业规模的增速显著高于那些一直没有做、中途停止做、后来选择做员工培训的企业，连续进行人力资本投资的企业在人均指标增速方面小于其他类别的企业，而没有更多证据表明选择对员工进行教育可以使得工业总产值与全要素生产率变得更好。这似乎违反直觉，人们更愿意相信连续的培训会对企业有正向的效果，一个可能的解释是：劳动员工流动性指标因素。对于本章所研究的竞争性行业来说，一个接受了培训的技能工人，为了在劳动力市场上获得更高的报酬，可以在行业内的企业间流动来达到目的，这样原雇主企业就不会得到长期培训的好处，即对员工进行持续培训的企业在 TFP 增速上表现较差是有这方面的现实原因的；另外，员工培训的目的是传播知识，并通过提升人力资本质量来影响企业绩效。对于我国企业而言，新知识在很大程度上依赖于外部借鉴。刚开始培训的企业可借鉴的知识充裕，而受限于知识的更新，持续培训的企业可借鉴的知识就相对较少了。那么，员工培训对于这两类企业绩效增速的影响就会明显不同。反映在

实证结果上,是新开展员工培训的企业在绩效上存在着较显著的提升,持续培训的作用反而不大。

6.5 对内生性问题的进一步处理

本章第3节验证了企业绩效也是企业选择人力资本投入的影响因素,即存在着高效率企业选择做员工培训的"自选择效应";第4节考察了员工培训与企业工资差异间的相关关系。但是,要想得到两者的因果关系,必须排除第3节所说的"自选择效应"。

"自选择效应"所带来的内生性问题,给评估员工培训投入对企业工资水平影响增加了难度,必须剔除"自选择效应"带来的干扰,否则就会高估员工培训投入的作用,这一点在现有的文献中没有得到重视;更为重要的是,在实践中,高估的效应会使大量企业忽视员工培训的重要性。此外,影响企业员工培训投入决策的因素,如企业规模、资本密集度、企业效率、研发经验甚至所有制性质(Holtmann和Idson,1991年;汪洋,2001年;马双和甘犁,2013年;吴万宗和汤学良,2016年),也同时会影响企业的工资水平,如果不控制这些因素,那么只能得到员工培训投入与收入水平的相关关系而不完全是因果关系。匹配方法在"反事实分析"框架下,通过选出生产率等重要特征最接近的企业个体进行比较,可以较好地控制"自选择效应"和其他特征的影响,从而捕捉到员工培训投入对企业工资的因果效应。但是,传统的倾向得分匹配(propensity score matching, PSM)方法只适用于0或1的二值型处理变量,对于处理变量为员工培训投入强度(以每年人均培训费用度量)并不适用。实际上,既有的文献均在讨论有无员工培训投入(有为1,没有为0)对企业绩效的影响,但直觉上讲,零星的培训投入与大额的培训投入所带来的效果应该是不同的。那么,员工培训投入是否越多越好,是否有最优的员工培训投入强度?这些问题在二值型的变量下无法研究,但对于政策调控和企业实践决策而言却是非常重要的。因此，本章采用广义倾向得分匹配法（generalized propensity score，GPS），克服了处理变量必须是二值变量的限制，在控制了“自选择效应”与企业主要特征的基础上，评估每个员工培训投入强度对企业间收入差距的作用。

6.5.1 方法和模型

对于处理效应的研究主要是基于 Rosenbaum 和 Rubin（1983 年）提出的“反事实”分析框架，但是以倾向得分匹配（PSM）为主的计量方法只能用来分析处理变量是二元变量的问题，具有较大的局限性。以员工培训投入为例，如果只定义 0（没有员工培训投入）和 1（有员工培训投入）两种处理状态，就显然忽视了员工培训投入的差异对于企业工资水平影响可能是不同的。Imbens（2000 年）、Hirano 和 Imbens（2004 年）将“反事实”分析框架扩展到处理变量是多元变量或者连续变量的情形，提出了广义倾向得分匹配（GPS）的计量方法来捕捉不同的处理强度下潜在结果的差异，弥补了 PSM 方法的不足。GPS 方法的基本理论如下：

对于一组随机样本，以下标 i 表示不同的个体（$i=1, \cdots, N$），假定个体 i 针对处理变量 t 的不同取值（$t \in D$）存在着一组对应的潜在的产出水平 $Y_i(t)$，称为个体的“剂量反应”函数（unit-level dose-response function）。如果 $D=\{0,1\}$，就回到了二值变量的处理效应问题，GPS 方法则允许 $D=[t_0, t_1]$，并且更关注平均“剂量反应”函数（average dose-response function），即 $\mu(t)=E[Y_i(t)]$。自变量所对应的函数值差异则可以解释为处理强度变化所带来的因果效应。但是，对于个体 i 而言，可以观测到的数据只有一组协变量 X_i、处理水平 $T_i \in D$ 以及与处理水平对应的潜在产出水平 $Y_i=Y_i(T_i)$①。

与 PSM 方法一样，GPS 方法的关键设定仍然是条件独立性假设

① 为了表述方便，下文均省略下标 i。

(ignorability assumption),即:

$$Y(t) \perp T \mid X \forall t \in D \tag{6-12}$$

条件独立性假设的含义是在控制了多元协变量 X 的差异后,任意处理水平上的潜在产出水平与个体接受的实际处理水平相互独立。换言之,在个体协变量特征一致的时候,可以有效地剔除处理强度的自选择性,以及由此产生的内生性问题。多元协变量特征 X 又称为"匹配变量",既影响个体的处理强度(T)又影响个体的产出水平(Y),要控制多元协变量特征一致同样存在着"高维诅咒"①(curse of dimensionality)(Rosenbaum 和 Rubin, 1983 年)。Hirano 和 Imbens (2004 年)设定了处理变量的条件概率密度函数:

$$r(t, x) = f_{T|X}(t \mid x) \tag{6-13}$$

并定义了广义倾向得分(generalized propensity score, GPS):

$$R = r(T, X) \tag{6-14}$$

与标准的倾向得分类似,GPS 也需要满足平衡条件(balancing property),即在控制 $r(t, X)$一致的情况下,事件 $T=t$ 发生的概率与多元协变量 X 独立:

$$X \perp 1\{T = t\} \mid r(t, X) \tag{6-15}$$

满足平衡条件的 GPS 可以将条件独立性假设进一步拓展到广义倾向得分值上:

$$f_T(t \mid r(t, X), Y(t)) = f_T(t \mid r(t, X)) \tag{6-16}$$

换言之,控制广义倾向得分值一致就可以保证任意处理强度与其

① 所谓"高维诅咒"就是说随着需要匹配的维度增加,匹配成功的难度就增加了。例如,找同样身高的人很容易,但是找到身高、体重、性别、民族、学历等全部一样的人就困难得多。Rosenbaum 和 Rubin(1983 年)提出倾向得分匹配(PSM)的方法来解决该问题,就是将高维指标整合成一个倾向得分指标进行匹配。

潜在的产出结果独立。因此,通过 GPS 方法可以有效剔除协变量差异带来的偏误以及可能存在的处理强度自选择性带来的偏误。另外,广义倾向得分值是一维指标,相对于高维的协变量 X 而言,更加容易匹配。

进一步地,Hirano 和 Imbens(2004 年)提出了用 GPS 方法估计平均“剂量反应”函数的三个步骤:

第一步,给定多元协变量 X,估计处理变量的条件概率密度函数,即式(6-13)。本章考虑的处理变量是企业的员工培训投入强度(以人均培训费用度量),该变量的分布是有偏的,存在较多的人均培训费用为 0 的观测个体[1],因此不适用 Hirano 和 Imbens(2004 年)提出的正态分布的假定。本章采用 Papke 和 Wooldridge(1996 年)提出的 *Fractional Logit* 模型来估计员工培训投入强度的条件分布。假定对于个体 i,给定协变量 X_i 时,处理变量 T_i 的条件期望为:

$$E(T_i \mid X_i) = F(X_i\beta) \equiv \frac{\exp(X_i\beta)}{1+\exp(X_i\beta)} \tag{6-17}$$

式(6-17)中:$F(.)$ 满足 *Logit* 分布的累积分布函数形式,对于 $\forall X_i\beta \in R$ 有 $F(X_i\beta) \in [0,1]$,因此,要求处理变量的取值属于$[0,1]$。员工培训投入强度变量满足大于 0 的要求但是会超过 1,本章采取的处理方式是将处理强度的最大值标准化为 1,其余取值做相应的标准化转化,从而满足处理变量的取值要求。接下来在广义线性模型(generalized linear model,GLM)的框架下,最大化伯努利对数似然函数,以修正数据中处理变量有偏对条件期望函数估计的影响:

$$\max_{\beta} L(\beta) = \sum_{i=1}^{N} [T_i \cdot \ln(F(X_i\beta)) + (1-T_i) \cdot \ln(1-F(X_i\beta))] \tag{6-18}$$

[1] 本书所使用的工业企业数据库(2004—2007 年)中,培训费用(以职工教育经费度量)为 0 的企业占到了 60%左右。

根据估计结果计算广义倾向得分值(GPS)：

$$\hat{R}_i = [F(X_i\hat{\beta})]^{T_i} \cdot [1 - F(X_i\hat{\beta})]^{1-T_i} \tag{6-19}$$

然后，根据处理变量取值和 GPS 值进行样本分割，并检验经过广义倾向得分匹配调整过后处理强度取值($T=t$)是否与协变量(X)独立，即检验 GPS 的平衡条件是否满足[①]。

第二步，利用处理变量、广义倾向得分变量构造产出变量(本章主要指企业的收入水平)的条件期望模型(Conditional Expectation Model)。Hirano 和 Imbens(2004 年)指出具体的函数形式可以灵活多变，既可以只考虑两个变量的一次项，也可以考虑两个变量的二次项、三次项和交互项进行逼近。条件期望模型的作用在于拟合产出变量与处理变量、GPS 变量之间的函数关系。因此，本章选择更为稳健的三阶多项式来逼近产出变量的条件期望[②]：

$$E(Y_i \mid T_i, \hat{R}_i) = \alpha_0 + \alpha_1 T_i + \alpha_2 T_i^2 + \alpha_3 T_i^3 + \alpha_4 \hat{R}_i + \alpha_5 \hat{R}_i^2 + \alpha_6 \hat{R}_i^3 + \alpha_7 T_i \cdot \hat{R}_i \tag{6-20}$$

只需要简单的 OLS 回归即可估计出式(6-20)中的系数，得到的系数则是估计平均“剂量反应”函数的关键。

第三步，利用上一步得到的回归系数，计算出每个处理强度上所对应的产出变量条件期望的均值，从而估计出平均“剂量反应”函数 $\mu(t)$：

$$\mu(t) = \frac{1}{N}\sum_{i=1}^{N}(\hat{\alpha}_0 + \hat{\alpha}_1 t + \hat{\alpha}_2 t^2 + \hat{\alpha}_3 t^3 + \hat{\alpha}_4 \hat{r}(t,X_i) + \hat{\alpha}_5 \hat{r}(t,X_i)^2 + \hat{\alpha}_6 \hat{r}(t,X_i)^3 + \hat{\alpha}_7 t \cdot \hat{r}(t,X_i))$$

$$TE(t) = \mu(t) - \mu(0),\ t = 0.01,\ 0.02,\ \cdots,\ 0.99, 1 \tag{6-21}$$

式(6-21)中：N 为样本容量。利用计算机估算函数 $\mu(t)$ 时需要设

---

① Stata 提供的 gpscore2 命令可以帮助实现 Fractional Logit 设定下 GPS 的平衡性检验。

② 选择其他函数形式逼近对于本书的基本结论不产生影响，并且三阶多项式的逼近结果中每个系数均非常显著。

定[0, 1]区间上的具体取值，本章设定的步长是 0.01，即选择 $t=0$, 0.01, 0.02, …, 0.99, 1 共 101 个处理强度值。此外，还定义了处理效应 $TE(t)$用来计算任一非 0 的员工培训投入强度下与无员工培训投入情形相比企业工资水平的差异。

6.5.2 数据与变量

6.5.2.1 数据介绍与处理

数据的选择与处理与第 3 节、第 4 节一致。需要指出的是，由于在控制变量中考虑了研发，而数据集中并未报告 2004 年研发的数据，所以本节的分析只选取 2005—2007 年《中国工业企业数据库》。同时，在本节分析中，我们保留了外资企业和私营企业用于同国有企业进行比较。

6.5.2.2 变量定义与估算

本章用到的统计数据包括企业的工业增加值、年平均就业人数、年销售收入、年末固定资产净值余额、固定资产原值、员工培训费用、出口交货值、工资总额。其中，企业的工业增加值数据利用 Brandt 等(2012 年)给出的 4 位代码行业层面的产出品价格指数进行平减，年销售收入、员工培训费用和工资总额数据利用消费价格指数(以 2004 年为基期)进行了平减。固定资产年末净值余额和固定资产原值主要是用来估算企业的资本存量，本章采用永续盘存法剔除价格因素计算出实际资本存量。

接下来，在指标构建上主要有三个方面。首先，本章选择以平均工资作为企业员工收入水平的度量①，全要素生产率作为企业生产率的度量。其次，本章关键的处理变量，即员工培训投入强度(简称员工培训强度)指标，用企业的人均培训费用度量。由于数据库中员工培训费用为 0 的企业超过了 60%，因此，员工培训强度变量的分布是严重有

① 考虑人均福利作为稳健性检验。

偏的,采用 Fractional Logit 模型进行调整则要求处理变量的取值在0~1。本章分两步对人均培训费用进行标准化处理:第一步,对人均培训费用变量进行 99%分位去尾处理,剔除人均培训费用超过 99%分位值[①]的企业样本,避免异常值的干扰;第二步,将人均培训费用变量的99%分位值(5 000 元/人)标准化为 1,其余取值则相应的除以 5 进行标准化,从而保证了员工培训强度取值属于[0,1]。最后,对于协变量或者匹配变量的选择,需要既与处理变量相关又与产出变量相关,才能够较好地满足条件独立性假设。参考现有的研究文献[②],选择以下变量作为匹配变量:企业上一期的生产率水平;以销售收入衡量的企业规模指标;以人均资本存量衡量的资本密度指标;企业研发活动哑变量;企业是否属于内资企业;此外,还有企业所属的行业、地区以及年份哑变量[③]。

这些主要变量的计算方式和描述性统计,如表 6-11 所示。

表 6-11　主要变量的定义和描述性统计

变量	计算方式	均值	标准差	最小值	最大值
员工培训强度	员工培训费用/员工数目,标准化	0.01	0.05	0	1
人均工资	1+平减后工资总额/员工数目,取对数	2.64	0.55	0.06	7.41
人均福利	1+平减后福利总额/员工数目,取对数	0.96	0.547	0.00	7.70
全要素生产率	按照 Olley 和 Pakes(1996 年)方法估算[④]	3.76	1.08	−6.49	10.29
销售收入	平减后的企业销售收入,取对数	10.18	1.14	6.21	18.58
资本密集度	1+实际资本存量/员工数目,取对数	3.70	1.22	0.00	9.92
研发哑变量	企业的研发费用大于 0 为 1,否则为 0	0.06	0.24	0	1
内资企业哑变量	包括国有、集体所有和私营企业	0.60	0.49	0	1

资料来源:根据工业企业原始数据计算而得。

① 在本书研究的企业样本中,企业人均培训费用的 99%分位值是 5 000 元/人。

② 详见汤二子和孙振(2012 年),马双和甘犁(2013 年)以及吴万宗和汤学良(2016 年)等。

③ 本书考虑了常见的企业年龄变量和出口哑变量,但这两个指标对员工培训强度没有显著影响,故剔除。

④ 主要利用 OP 方法在 2 位代码行业层面估计生产函数的各个投入要素的系数,然后采用对应行业的生产函数和企业要素投入估算每个企业的 TFP。这样处理保证了企业样本总量不变,从而稳健性检验是可比的,其他估算 TFP 的方法(LP、FE 和 OLS 等)不会改变稳健性检验的结论。

6.5.3 回归结果分析

做员工培训的企业可能本来就具有更高的效率和更高的工资或者高效的企业更可能选择做员工培训，而不一定是员工培训投入让企业拥有更高的工资。如果高效率的企业更可能做员工培训，就意味着员工培训投入行为存在着“自选择效应”（self-selection），由此所产生的内生性问题会高估员工培训投入对企业工资的影响。所以，在选择匹配变量估计员工培训强度的分布函数时，需要考虑将企业上一期的生产率水平放在匹配变量中以剔除“自选择效应”所带来的内生性影响。进一步，在估计员工培训强度分布的 Fractional Logit 模型时，本章区分了员工培训外生（即匹配变量中不考虑上一期的生产率）和员工培训内生（即匹配变量中加入上一期的生产率），并在平均“剂量反应”函数和处理效应的估计中验证，忽视“自选择效应”会高估员工培训强度对企业工资水平的作用。

此外，员工培训对员工收入的作用可能是持续的，实证分析时需要剔除企业以前的员工培训行为的影响。因此，本章对企业样本做了如下处理：首先，分别保留 2005—2006 年、2006—2007 年连续存在的样本；其次，删除其中在上一年（即 2005 年或者 2006 年）有员工培训行为的样本；最后，将上一年企业的生产率信息匹配到当期，保留当期的企业数据构成最终的研究样本，共 287 300 家企业。基于样本数据得到的员工培训强度的 Fractional Logit 模型的估计结果，如表 6-12 所示。

表 6-12　员工培训强度的 Fractional Logit 模型的估计结果

解释变量	被解释变量:员工培训强度	
	员工培训外生	员工培训内生
全要素生产率		0.332***
		(14.41)

(续表)

解释变量	被解释变量:员工培训强度	
	员工培训外生	员工培训内生
销售收入	0.110***	0.053 9**
	(7.41)	(2.83)
资本密集度	0.219***	0.280***
	(14.17)	(17.72)
研发	0.965***	0.995***
	(21.03)	(21.67)
内资企业	0.125***	0.084 2*
	(3.48)	(2.33)
常数项	−6.483***	−6.391***
	(−31.42)	(−30.71)
N	287 300	287 300
AIC	0.114 689 2	0.113 965 2
对数似然函数值	−16 411.100 83	−16 306.104 9
行业效应	Yes	Yes
地区效应	Yes	Yes
年份效应	Yes	Yes

注:* * *,* *,* 分别表示在 0.001,0.01,0.05 水平上显著;括号内是 *t* 值。

显然,主要匹配变量对于企业的员工培训投入强度的影响均是显著且稳健的:上一期生产率水平对当期的员工培训强度具有显著的正向作用,这验证了企业的员工培训强度具有“自选择效应”,原本就高效的企业更倾向于提高员工培训强度;以销售收入衡量的企业规模变量对员工培训强度具有显著的促进作用,相对于小企业而言大企业更愿意增加人均培训费用投入,这与 Holtmann 和 Idson(1991 年)的研究一致;资本密度越大,则企业的员工培训强度也越大,这恰好说明了资本与劳动力之间的互补作用,大量的资本设备往往需要训练有素的员工使用才能发挥最大的作用;具有研发行为的企业,对员工培训的投入强度也越大，说明员工培训行为可能是研发活动有利的补充，这与吴万宗和汤学良(2016 年)的研究结论相同；内资企业的员工培训强度较高，这与 Görg 等(2007 年)的结论相反，但是与马双和甘犁(2013 年)的研究一致。此外，在 Fractional Logit 模型中，我们还控制了 2 位代码行业效应、省份特征的地区效应以及时间效应，广义线性回归的 AIC 指标均在 0.114 左右，说明模型拟合较为精准且不存在过度拟合的问题。

根据 Fractional Logit 模型的估计结果，可以按照式(6-19)计算广义倾向得分值(GPS)，GPS 需要满足平衡条件才能够通过 GPS 方法消除协变量带来的偏误。参照 Hirano 和 Imbens(2004 年)的做法，将员工培训强度分割为两个区间，检验经过 GPS 匹配调整后能否削弱不同区间内协变量均值的差异，如表 6-13 所示。

表 6-13　广义倾向得分(GPS)的平衡条件检验

平衡条件检验	未经 GPS 调整①	经过 GPS 调整：员工培训内生	
		[0, 0.65)	[0.65, 1]
TFP	−0.519***	0.101	−0.073
	(−10.798)	(1.380)	(−1.067)
销售收入	−0.451***	−0.042	0.010
	(−8.870)	(−0.564)	(0.135)
资本密集度	−0.701***	0.015	−0.093
	(−12.909)	(0.208)	(−1.354)
研发哑变量	−0.149***	−0.005	0.011
	(−14.118)	(−0.718)	(1.409)
内资企业哑变量	−0.023	0.013	−0.012
	(−0.132)	(0.356)	(−0.347)

注：括号内是双样本均值差异检验的 t 值水平，* $p<0.05$，** $p<0.01$，*** $p<0.001$。

① 由于只分了两个区间样本，这里只列举了[0, 0.65)区间的协变量均值减去[0.65,1]区间的协变量均值的差异，反向的差异与这里列举的仅仅是正负号反向，故不重复列举。

GPS匹配调整之前，两个区间的企业样本在协变量均值上差异较大且非常显著(内资哑变量除外)。但是经过GPS匹配调整后，上一期全要素生产率的均值差异[1]从0.519下降到0.073～0.101且不显著；销售收入变量的均值差异从0.451下降到0.010～0.042且不显著；资本密集度的均值差异从0.701下降0.015～0.093且不显著；内资哑变量的均值差异，在GPS匹配调整之后也仍然是不显著的。换言之，GPS较好地满足了平衡条件。

利用GPS数据和员工培训强度数据，可以估计出企业工资水平的条件期望方程，即式(6-20)，然后遍历[0，1]区间上的101个处理强度值，估计出平均"剂量反应"函数和处理效应函数[2]，即式(6-21)，结果如图6-3所示。有趣的是，平均"剂量反应"函数呈现出"倒U形"特征，说明随着员工培训强度的增加，企业的工资水平呈现"上升—下降"的趋势；当不考虑员工培训强度的"自选择效应"时，平均"剂量反应"函数曲线向上移动了，说明这种情形下会高估员工培训强度对企业工资的作用。

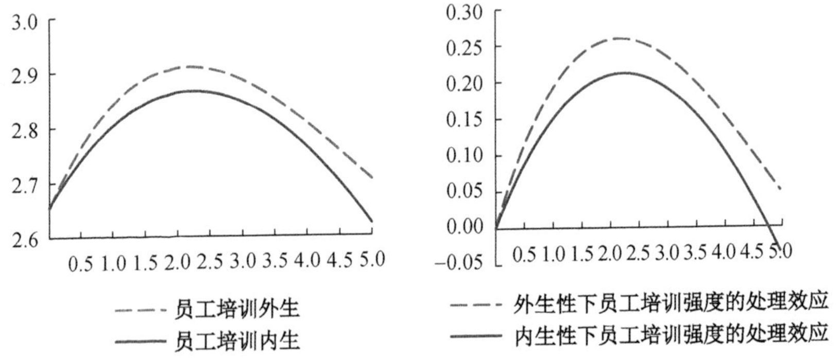

图6-3　员工培训强度与企业工资："剂量反应"函数(左)与处理效应函数(右)

① 这里主要指协变量均值差异的绝对值，下同。

② 最终展示平均"剂量反应"函数和处理效应函数时，将标准化的员工培训强度变量进行了还原，即乘以5 000元/人得到实际的处理强度值。

根据平均“剂量反应”函数计算得到的处理效应函数，反映了员工培训的不同强度相对于不做员工培训的情况而言能给企业工资带来的因果变化。以内生情形为例，可以发现处理效应函数也呈现出“倒U形”特征。将员工培训强度取值范围分割成两部分，一部分区域员工培训强度的处理效应为正，能够提高企业的工资，称为有效区域；另一部分员工培训强度的处理效应则是负值或者接近于0，即无法提高企业的工资水平，称为无效区域。存在无效区域的原因可能有两点：当培训投入强度较小时，培训可能流于形式，员工的技能与素质不仅得不到提升，反而出现了知识理解混乱，造成企业效益下降；当培训投入强度过大时，培训可能超出了实际需要，企业从投入中的回报难以抵扣投入费用。

如表6-14所示，以员工培训内生为例，人均培训费用超过4 750元，并不能够给企业员工带来收入提升，因此，是无效的员工培训投入；相对于不做员工培训，人均培训费介于0～4 750元之间的投入强度能够提升企业工资水平，是有效的员工培训投入。但是，最优的培训投入强度为人均2 250元[①]左右，使企业的工资水平提升0.21[②]。而在员工培训外生的情形下，由于高估了员工培训的处理效应，人均培训费用的无效区域消失了，有效区域增大了，但是最优的培训强度仍然指向了2 200元左右，这与员工培训内生时基本一致。

表6-14 员工培训强度的处理效应分析

项目		有效区域	无效区域	最大值点
员工培训外生	处理强度：t，千元 / 人	[0, 5]	—	2.2
	处理效应：$Y(t)-Y(0)$	正	—	0.255 1
员工培训内生	处理强度：t，千元 / 人	[0, 4.75]	(4.75, 5]	2.25
	处理效应：$Y(t)-Y(0)$	正	负	0.208 2

① 以2005年消费价格水平衡量，下同。

② 本书用人均工资的自然对数值衡量劳动者收入，因此，反映在人均工资上是增长了$e^{0.21}-1\approx 0.23$倍。

6.5.4 稳健性检验与拓展分析

6.5.4.1 以员工福利所得作为被解释变量的实证结果

为了检验实证结论的稳健性,本章进一步考虑以员工福利作为企业收入指标,研究员工培训强度对于员工福利的作用是否仍然具有前文所述的特征。模型处理的细节与前文一致,不再赘述。平均“剂量反应”函数的估算结果如图 6-4 所示①:考虑内生性,员工培训强度与员工福利的关系仍然呈“倒 U 形”;因此,可以发现以员工福利作为企业收入指标,并没有改变基本结论,换言之,员工培训强度与企业收入间的关系是稳健的。

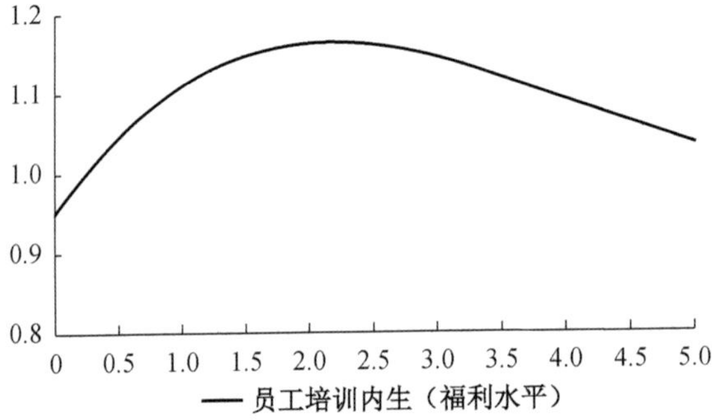

图 6-4　员工培训强度与员工福利:“剂量反应”函数

基于全部有效样本的研究结论是比较“笼统”的,有可能忽视存在于不同子样本中的异质性结果,而这些差异对于企业优化员工培训决策和政府相应政策调控具有重要的价值。接下来,本节从三个角度进行样本分类,即按地区、所有制和行业分类,并做拓展分析。

6.5.4.2 按地区划分子样本的实证结果

数据库中提供了企业所属的省份信息,根据东、中、西部的省份划

① 处理效应函数的形状与反应函数是一致的,不再重复罗列。

分规则[1]可以确定每个企业所属的地区。对每个地区的企业样本分别估算平均“剂量反应”函数和处理效应函数，由于地区间企业效率的均值水平存在着差异，因此，报告处理效应函数更具有可比性，可以比较出员工培训强度变化带来企业工资的因果变化是否会随着地区不同而不同，分析结果如图 6-5 所示：

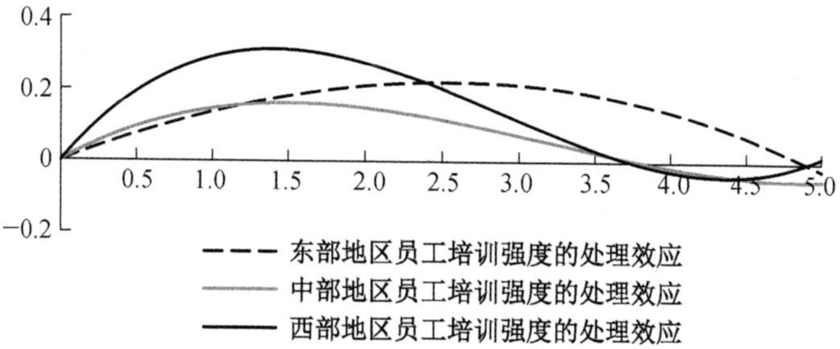

图 6-5　员工培训强度的处理效应函数：地区差异

东中部地区企业的员工培训强度的处理效应函数仍然呈现出明显的“倒 U 形”特征，但是中西部地区企业人均培训投入的无效区域较大，在中部高于 3 850 元的人均培训投入对于企业工资的提升没有作用，而东部地区人均培训投入只在 4 950 元之后失去作用，换言之，东部企业员工培训费更高效。东部地区企业的最优员工培训强度是人均培训投入 2 550 元，能够让企业员工收入增加 0.220 9；中部地区企业的最优员工培训强度则为人均 1 500 元，能够让企业员工收入增加 0.160 2。西部地区企业的员工培训强度的处理效应函数与东部和中部的差异就比较大了，如表 6-15 所示。员工培训投入很容易见效，人均培训费用在 1 400 元时就能给员工收入带来 0.311 6 的提升；但是，当投入强度达到 3 750 元之后，正向作用很快就转为负向的作用；而当

① 东部地区包括北京、天津、河北、辽宁、上海、江苏、浙江、福建、山东、广东、海南；中部地区包括黑龙江、吉林、山西、安徽、江西、河南、湖北、湖南；西部地区包括内蒙古、广西、重庆、四川、贵州、云南、西藏、陕西、甘肃、青海、宁夏、新疆。需要注意的是，数据没有包括中国香港特别行政区、中国澳门特别行政区以及中国台湾地区。

人均培训费超过 4 900 元后,培训作用再次转为正,因此,西部地区员工培训强度的处理效应函数呈现出“正 N 形”特征。尤其重要的是,西部地区企业的员工培训强度的处理效应较高于东部和中部地区,说明在西部执行在职培训效果更明显。

表 6-15　员工培训强度处理效应的地区差异分析

项　目		有效区域	无效区域	最大值点
东部地区	处理强度:t,千元/人	(0, 4.95)	[4.95, 5]	2.55
	处理效应:$Y(t)-Y(0)$	正	负	0.220 9
中部地区	处理强度:t,千元/人	(0, 3.85)	[3.85, 5]	1.5
	处理效应:$Y(t)-Y(0)$	正	负	0.160 2
西部地区	处理强度:t,千元/人	(0, 3.75);(4.9, 5]	[3.75, 4.9]	1.4
	处理效应:$Y(t)-Y(0)$	正	负	0.311 6

6.5.4.3　按所有制划分子样本的实证结果

本章分两步来确认企业的产权性质:第一步,根据企业登记注册类型信息区分出国有企业、外资企业(包括港澳台资)和私营企业,以及合资、合伙和股份制企业;第二步,将合资、合伙和股份制企业等按照控股产权区分为国有控股、外资控股和私营控股企业①。将国有控股、外资控股和私营控股的企业也分别纳入国有企业、外资企业和私营企业中,构成了三类企业样本,分样本计算的员工培训强度的处理效应函数如图 6-6 所示:

私营企业和外资企业的员工培训强度的处理效应函数呈现出“倒 U 形”特征,且不存在无效区域;国有企业员工培训强度的处理效应函数呈现出“正 N 形”特征;值得注意的是,有效区域中国有企业员工培训强度的处理效应水平最高,这可能与国有企业本身效率水平值最低有关②,一旦给予国有企业职工以员工培训,则会显著地提升国有企业

① 参考路江涌(2008 年),以权益资本类型中占比最高且超过 25%的作为控股类型。

② 比较国有、外资和私营企业效率水平差异的文献较多,不再一一罗列,国企效率最低的结论是学界普遍认可的。

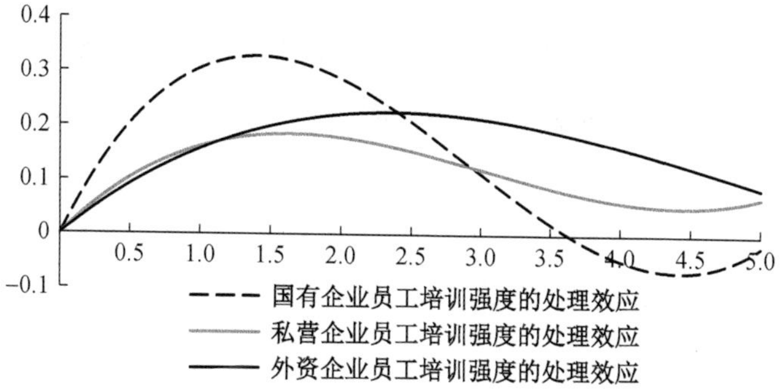

图 6-6 员工培训强度的处理效应函数:所有制差异

效率,而国企一旦效益好,又会转化为职工的福利或者收入。外资企业员工培训强度不存在无效区域,换言之,外资企业的培训投入都能够发挥作用提高企业的工资水平,这可能与外资企业规范和高效的培训系统有关;当然,外资企业培训强度的处理效应函数也存在着“先递增再递减”的趋势,因此,最优的员工培训强度为 2 350 元,可以将企业员工收入水平提高 0.225 4。

表 6-16 员工培训强度处理效应的所有制差异分析

项　目		有效区域	无效区域	最大值点
国有企业	处理强度:t,千元/人	(0, 3.65)	[3.65, 5]	1.4
	处理效应:$Y(t)-Y(0)$	正	负	0.327 2
私营企业	处理强度:t,千元/人	(0,5]	—	1.65
	处理效应:$Y(t)-Y(0)$	正	—	0.184 4
外资企业	处理强度:t,千元/人	(0,5]	—	2.35
	处理效应:$Y(t)-Y(0)$	正	—	0.225 4

6.5.4.4 按行业类型划分子样本的实证结果

OECD 按照国际标准产业分类(ISIC3.0 版),根据生产或增加值中的研发密度(R&D intensity)将制造业划分为高技术行业、中高技术行业、中低技术行业以及低技术行业。文伟东等(2009 年)借鉴了这一做法,并结合我国企业的情况,进一步将制造业行业分为劳动密集型、资本密集型和技术密集型。本章对三类行业的分类标准与文伟东等(2009年)一致,按行业分类的子样本实证结果,如图6-7所示。

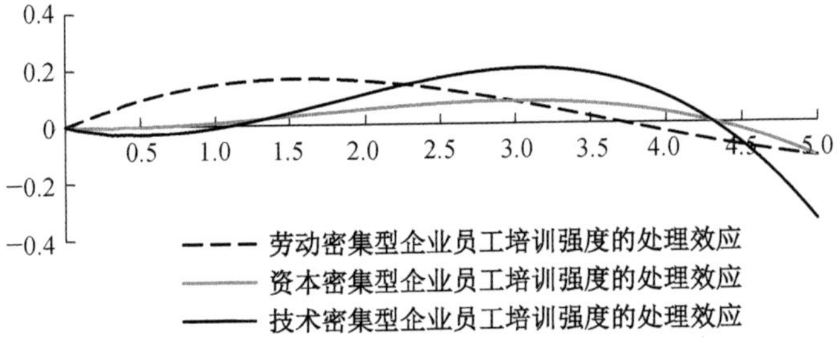

图6-7　员工培训强度的处理效应函数:行业差异

可以发现:劳动密集型行业员工培训强度的有效区域为0～3 700元,最优的人均培训投入为1 550元;资本密集型行业员工培训强度的有效区域为600～4 350元,最优的人均培训投入为3 000元;技术密集型行业员工培训强度的有效区域为1 100～4 350元,最优的人均培训投入为3 100元。需要指出的是,资本密集型和技术密集型产业首先进入无效区域,继而有效再无效,即呈现一种"下降—上升—下降"的"倒N型"关系。这与资本和技术密集型行业本身特征有关,相比于劳动密集型,微弱的员工培训强度难以奏效。员工培训的处理效应在技

表6-17　员工培训强度处理效应的行业差异分析

项　目		有效区域	无效区域	最大值点
劳动密集型	处理强度:t,千元/人	(0, 3.7)	[3.7, 5]	1.55
	处理效应:$Y(t)-Y(0)$	正	负	0.161 8
资本密集型	处理强度:t,千元/人	(0.6, 4.35)	[0, 0.6]; [4.35, 5]	3
	处理效应:$Y(t)-Y(0)$	正	负	0.078 8
技术密集型	处理强度:t,千元/人	(1.1, 4.35)	[0, 1.1]; [4.35, 5]	3.1
	处理效应:$Y(t)-Y(0)$	正	负	0.193 6

术密集型行业中最大，这与直觉是一致的。一旦在职培训开始起作用，劳动力要素与技术要素的互补作用，能够充分释放技术在生产中的作用，使得技术密集型行业中员工培训的边际作用较大。因此，越是技术密集的企业越需要加大员工培训投入，这也与国家政策执行方向是一致的。

6.6 本章小结

本章在总结了中国职业教育以及企业在职培训政策的基础上，论证了人力资本积累对中国产业发展的重要性，继而进一步围绕探究企业工资决定因素这个话题，讨论了企业主要人力资本投资方式——员工培训投入——对于企业平均工资的影响。研究结果表明，企业的绩效本身会影响企业对培训计划的选择，在控制这一“自选择效应”之后，员工培训对企业员工收入基本呈现正向的作用，那些选择了做员工培训的企业平均工资显著高于不做的企业。这一重要发现有助于国家对于企业在职培训政策方向的把握，积极引导更多的企业参与到员工在职培训中去，有助于缩小企业间的工资差异，也有助于整个国家人力资本的积累，有助于整体收入水平的提升。

在稳健性检验部分，本章也运用GPS方法评估了员工培训强度对企业收入水平的处理效应，研究主要发现：滞后一期的生产率水平对当期员工培训强度具有正向作用，达到0.332，这说明高效率的企业更倾向于提高员工培训强度，因此，忽视“自选择问题”会高估员工培训对企业员工收入水平的影响；GPS的方法可以有效地控制员工培训的内生性，得到员工培训强度与员工收入水平之间的“倒U形”关系，2 250元的人均培训费用可能是潜在的最优投入强度，能将企业员工收入水平提高0.21左右。本章从不同地区、不同所有制以及不同行业类型等视角，考察子样本情形下员工培训强度对企业职工工资的处理效应，从而得到更加细化和有针对性的政策建议：

首先,不同地区的处理效应函数具有差异,员工培训投入需要因地制宜,不能犯“一刀切”的错误。中西部地区达到最优规模的速度较快,只要分别给予员工人均超过 1 400～1 500 元的培训投入就能提升企业员工工资水平,因此,政策应该向中西部倾向,对当地职工减贫具有正向的提升作用,也有利于缩小中西部与东部的工资差距。其次,国有企业在人力资源管理方面应该多向外资企业学习。总体而言,国有企业通过员工培训投入,呈现出了对外资和私营企业效率的“追赶”。国企改革的下一步需要引入严密的“招聘-实习-培训系统”,可以有效地减少信息不对称造成的成本浪费,可能对工资的提升带来更好的效果。最后,对于中国经济“新常态”的今天,历史经验数据表明,调整产业结构、促进产业优化升级显得尤为重要。研究结论表明,即使增加劳动密集型产业的员工培训费用,效果也不理想,技术密集型产业的效果最好。可见,过去经济高速增长阶段,发挥主导的低成本劳动驱动、高投资驱动的产业正受限于产业生产力进一步提升。因此,当经济面临中高速增长时,必需转向更加依赖创新驱动主导的技术革新。然而,创新的关键在于人,加大这类产业员工的培训费用,能够释放出他们的创新潜能,发挥出员工培训最本质的“学习效应”。促进产业自身发展向中高端迈进,劳动和资本密集型的产业向技术密集型转变,淘汰落后产能、优化产业结构,都必须有庞大的高素质产业工人为依托。

但是,我们也要清晰地看到,中国作为发展中国家,改革开放初期的劳动力供给大于需求,企业能够在低劳动力成本环境下获得“人口红利”所带来的收益。而当改革进入了深水区,还想通过“人口红利”过日子,这样的企业很难再有所突破,甚至会沦落到被市场竞争所淘汰的边缘。而现实是我国当前面临着职业工人技能相对低下与先进生产力要求的现实差距,职工教育费用的投入还远远没有达到最优点。而中国正在经历着经济增长速度的减速时期,如何在这一时期跨越所谓的“中等收入陷阱”,本章的研究可以带来一点明确的启发:产业政策应该有倾向性地积极地引导广大企业参与到在职培训中来,这与供给侧结构性改革的内涵是一致的，目的均在于提升企业绩效。获得了培训的员工可能由半熟练工转变为熟练工或者技能人才，一方面有助于保证企业产品的精益度和生产的高效，给企业带来新的“人力资本红利”；另一方面对员工自身来说，技能提升带来的是劳动力市场的更高回报和就业稳定，这同样有利于内需的增长。因此，员工培训活动不但与当前改革思路一致，且能够促进社会经济良性循环。这是中国制造业流程再造、创新发展，走上更精益化生产方式的基础。在经济发展停滞或者面临改革的时候，政策制定者不能仅在要素量上给予增加，一味追求短期利益，这可能会使经济发展驶入“死胡同”，伴随短期增长而来的各种负面效应势必会导致各种社会经济矛盾的激化，给改革带来阻力；这时候不妨换个思路，从经济发展的原力之一劳动力上着手，政府支持、企业主导，适时适度地给予就业者在职教育，提升劳动技能，从而达到提高劳动力要素质量的目的，为未来经济飞跃提供智力储备，为工匠精神的大厦锻造基石。

7 全文总结与政策启示

7.1 引言

本书从产业政策、产业结构、行业出口强度以及人力资本积累等多个维度论述了产业发展对中国劳动者收入差距的影响。基于前面章节的理论与实证分析，本章对全书的主要结论进行了概括，并对照地给出了相关政策建议。第一，产业政策具有补贴转移与竞争两种效应，这就要求政府转变产业政策施行方式，由选择性的政策向竞争政策转变；第二，产业结构合理化程度的提高有助于改善收入分配问题，这就要求政策推动农业、工业以及服务业协调发展；第三，出口强度与行业内收入差距呈“倒 U 型”关系，这就要求中国需要进一步深化改革、坚持扩大开放、加快贸易自由化进程；第四，人力资本积累的提效增收作用显著，这就要求政府加大对教育和人力资本的投资。

7.2 主要研究结论

7.2.1 产业政策具有补贴转移与竞争两种效应

在产业政策视角中，以财政补贴为例，其对企业员工收入的影响主要是通过两个渠道：一是直接的“补贴转移效应”；二是补贴带动（阻碍)了企业效率的提升,从而传导到员工收入上面,本书称之为"竞争效应"。而带有鲜明选择性的"中国式"产业政策的后果则是大量的补贴造成了企业失去研发、技术创新的动力,形成了惰性,从而导致全要素生产率严重的落后,进一步造成企业绩效下滑,员工减收,这一竞争的负效应大于了补贴的"直接转移效应"。因此,那些获得大量补贴企业的员工收入最终反而落后于补贴较少的企业员工。然而,一旦产业政策的施行促进了行业竞争,竞争效应则为正,那么企业的工资水平也会随之提高。所以产业政策应该向功能性方面转变而非带有很强的行政选择色彩,产业政策的实施如果能够促进行业的竞争程度,那么有助于提高行业的整体效率以及收入水平,减少不同企业间的收入差距。

7.2.2 产业结构合理化程度的提高有助于改善收入分配问题

产业间的劳动要素如果可以自由流动,那么劳动的回报率应该也是一致的。反映在行业层面就是,如果劳动力可以自由流动,供需关系的动态转变,会使得各行业的工资水平一致。因此,度量行业产值与就业人数的结构指标——产业结构合理化程度——和收入不平等间就是一个正向的关系。本书实证检验了上述理论,中国改革开放至今,产业结构合理化对收入分配具有积极的正面作用,即产业结构越合理,收入分配也越合理;而产业结构优化的另一个纬度——产业结构高级化——则并无显著影响。当产业结构高级化在没有控制时间和地区效应时,反而对收入差距有负面的影响,因此,本书进一步检测了中国经济发展不同阶段两者间的关系。得出产业结构合理化依然对收入差距有正面效果,而不同阶段的产业结构高级化则有不同的显著作用,具体的表现是,在改革开放初的经济体制改革调整探索阶段(1978—1984年)、经济体制改革全面推进阶段(1985—1992年)以及市场经济体制建立阶段(1993—2000年),产业结构高级化都是推动我国基尼系数一度走高的因素;而在中国加入WTO之后的两个时期,市场经济体制完善阶段(2001—2008年)以及后金融危机阶段(2009—2015年)，产业结构高级化对收入差距的作用在逐步转变，到了后金融危机阶段，产业结构高级化也在显著降低收入不平等。

7.2.3 出口强度与行业内收入差距呈“倒U型”关系

在HIR(2010年)的理论基础之上，应用收入不平等研究的最新成果，以劳动力市场上个体工资残差的离散程度刻画中国工业内工资残差不平等，寻求其与贸易开放度等工业特征之间的关系，既是对现有研究的补充，也是深化认识中国近10年开放进程、工业结构变迁对收入分配的影响机制。本书实证检验了中国工业出口强度与行业内部工资残差不平等的非单调关系，发现中国工业出口强度与工资残差不平等之间有“倒U型”的关系。即残差工资不平等首先随着出口强度的增加而上升，到达顶峰之后逐步回落，出口强度的转折点在0.85～1之内出现。无论是改变不平等的测度方法，还是将出口强度转换到区域层面，出口强度与工资残差不平等之间的这种关系都存在。另外，研究还发现价格效应是导致中国工业行业工资残差不平等变化的主要原因，而结构效应作用有限。

7.2.4 人力资本积累的提效增收作用显著

本书评估了人力资本投入对企业员工工资水平的影响。本书以企业在职培训为例，在控制了可能的“自选择效应”，即优秀的企业可能选择做培训的事实后，仍然发现做在职培训与更好绩效间的正相关关系。然后，本书进一步考察员工培训投入强度与企业员工工资间的因果关系，利用倾向得分匹配的方法来处理可能的内生性，结果依然发现，培训强度的增加会提升工资水平，但是培训强度并非“多多益善”，两者的关系呈现出一种非单调的关系，可能需要在某一区间有个合适的度，才会给企业员工收入提升带来最好的效果。

7.3 政策启示

7.3.1 转变产业政策施行方式

随着供给侧结构性改革的进一步深入，在产业政策手段频出的背景下，产业政策不应被过度使用，更不应该带有行政色彩。正如本书在第3章所发现的那样，和大多数产业政策一样，补贴政策的负面效应同样存在，企业效率改进的惰性都非常明显。这说明，本身作为市场机制失灵时的辅助手段，产业政策也不是“万能的良药”，政府一项产业政策出台前后，需要认真考虑如何尽可能地减少政策所带来的副作用。结合本书的研究，至少在收入分配层面，市场竞争与政府的政策并非简单的一元发展的根本对立，而是一种可以相互依存的二元关系。那么，政府的产业政策之手如何在市场机制基础上更有效地实现政府有关经济目标？本书认为，政府的产业政策是否必要并不是问题，政府应转变产业政策施行方式，更多地着眼于“功能性的产业政策”而非“选择性的产业政策”（江飞涛和李晓萍，2010年），让更多的企业而不是集中于少部分企业获得政策红利（Aghion等，2015年）。结合当下“减税降费”的供给侧结构性改革，政府需要做的是完善公平竞争法案，激活市场，只有让惠及更多企业的生产成本降下来，并积极引入优质外资资本参与国内竞争，这样国内企业才会在一个即充满竞争，又有学习借鉴目标的环境之中完成产品的质量升级，才能给广大员工带来更多的工资福利。另外，结合本书第6章所阐述的人力资本积累对员工收入差异的影响，产业政策如果能以像“员工培训费用在计算企业所得税应纳税所得额时扣除”这般形式施行，则会激励企业用于员工教育投资，还能够做到人力资本积累以提升企业效率，从而避免直接补助带来的负面效应。

7.3.2 推动农业、工业以及服务业协调发展

本书结论形成了较强的共识,即政府在制定产业结构政策的时候,应该推动三次产业的协调发展,同时更为积极地推进产业结构的高级化。一方面,农业、工业以及服务业协调合理推进有助于缩小劳动者收入差距;另一方面,产业结构合理化有助于抵消部分由于产业结构高级化带来的收入差距扩大。同时,经济发展的过程充满曲折,不能因为历史进程中产业结构高级化对收入分配有负面作用就"因噎废食",产业结构高级化是经济发展不可阻挡的潮流,况且中国的经济发展已经越来越有质量,制造业正逐步走向"服务化的制造业之路",产业结构高级化已经开始对收入分配有了积极的改善作用。因此,政府一方面需要推动农业、工业及服务业合理协调可持续发展;另一方面也要加快供给侧结构性改革,大力推动"互联网+"、以高端装备制造业为主的战略新兴行业、现代服务业的发展。给予这些行业更多的政策扶持,特别是对于人才政策的扶持,鼓励在职培训,提高产业工人技能水平。

7.3.3 深化改革、扩大开放、加快贸易自由化进程

中国深化改革离不开扩大开放,要对改革开放保有制度自信。中国是具有中等收入水平的发展中国家,通过积极的出口贸易,我们的产业发展所带来的收入差距具有国际共性,和发达国家一样,劳动力市场的价格效应是造成收入差距的主要因素。但是,我们有自己的特性,即通过国家内部对国有垄断企业的改革以及限薪政策,2009 年之后在劳动力结构方面起到了缩小收入差距的作用,这与同为发展中大国的印度有着极大的不同。同时,面对国际上有所抬头的贸易保护主义,以及迎接"中美贸易战"带来的挑战,要做好出口形势面临困难的准备,根据本书的结论,收入差距会缩小,但是同样也会带来整体收入水平的下降。因此,虽然扩大开放,提升出口强度在一段时期内会增加行

业内的收入差距，但是只要进一步提升这一指标，差距就会逐渐回落，而中国大部分行业的出口强度还停留在“倒U型”的左侧，政策上需加快上海、天津等自由贸易区的建设，通过这一平台促进更多的中国企业“走出去”；加强与“一带一路”沿线国家的产业产能的合作，促进中国高端装备制造业的出口。只有更加积极地参与全球市场竞争，工业发展瞄准精加工、提升产品质量这一供给侧结构性改革目标，才能达到提升出口强度、获取出口工资溢价、提高行业整体收入水平的目的；同时，也能够降低行业内的收入分化，刺激居民的消费需求，促进整体经济的良性发展。此外，要继续深化国有企业改革，破除某些行业的行政垄断，使职工薪资报酬回归市场合理水平。

7.3.4 加大对教育和人力资本的投资

本书最终的结论与政策建议均收敛于人力资本的提升，这是“人才强国战略”在经济学领域的映射。国民基础教育、在职培训教育乃至今后发展的终身教育体系有助于国家整体人力资本的积累，有利于劳动者素质的提升，是创新驱动经济的基础。因此，在通过市场机制发挥决定性作用的收入分配政策下，政府应该致力于减少教育机会不平等，提高人民群众受教育机会的均等性，着重增加人力资本投资，开发在职培训教育等项目，从而增大经济地位较低群体对优质教育的可得性，防止由于教育不平等而形成的社会分层；特别需要加大对农民以及进城务工人员的培训力度，一方面，可以保证农业产业化和现代化发展对技能工人的需求，并提升整个农业人力资本存量与劳动生产率；另一方面，也便于他们今后自谋职业，在更高端的产业就业，甚至参与到创新创业中去，从而获得更多的报酬。以上措施都有助于缩小整体收入差距。

7.4 研究不足与展望

本书研究仍然处在一个起点，有很多不足，有很多值得关注的问题没有进一步的探讨和研究，在接下来的研究中，笔者会从以下几个不足方面继续展开研究：

第一，本书对产业政策的刻画维度过少。因为产业政策不仅局限于补贴政策，还有诸如竞争政策（进入管制、投资管制）、财政投融资、产业扶持计划、国产化政策等。不过本书以财政补贴政策为例，一来补贴数据可得性高，二来更具代表性，其他政策可能不牵涉到给企业发钱，更多的是一种间接通过竞争效应传导企业绩效的影响途径，而企业获得补贴也便于直接发放为工资，从而形成一种间接效应，所以，本书有关产业政策的研究结论还是具有一定的价值。

第二，对于产业结构优化中的两个维度，产业结构合理化对收入差距的正面作用，数据只是给出了一个事实结果，这里面的机制是什么并没有经验支撑；另外，产业结构高级化在经济进入新常态之后真的会一直保持减小收入差距吗？可能需要更长的数据，才能下个精确的结论。

第三，在研究行业出口的问题时，本书仅以工业为例，而农业出口也是我国外贸中很重要的一环，另外服务业制造化的趋势在加强，也更易于出口贸易，这些都是本书没有探讨的；另外，对一个国家来说，全球化贸易是进出口两个方向，本书也仅仅只是在出口方面做出了初探，至于如进口贸易、中间品进口贸易以及外商直接投资等与我国劳动者收入分配又是一种什么关系，需要进一步从理论到实证的深入研究。

7.5 本章小结

总之，本章高度凝练了全书的结论与政策建议。可以发现，产业全要素生产率的进步是改善劳动者收入的有效途径，而为了提升行业的全要素生产率，政府在产业政策方面需要做的是改变以往选择性的政策，向竞争性政策转变，同时创造教育机会平等，加大教育投入，包括学校教育和在职教育,从而提高劳动者的人力资本水平。本书是产业经济学与发展经济学科交叉的前沿问题研究。显然,该问题具有重大的学术价值和政策意义。中国经济向高质量发展的转变过程离不开三次产业的协调发展,以及产业结构的优化升级;也离不开行业内部的改革,政府指导行业发展需从产业政策向竞争政策过渡;同时,继续坚持扩大开放政策,积极吸引外商直接投资(FDI),同时鼓励高效率企业"走出去"。本书通过产业视角,对中国劳动者收入差距问题进行了研究,提出了一些新的理论和经验证据,有助于为政府执行竞争政策提供收入分配的理论视角,并在实际应用中指导中国和其他政府缩小贫富差距的实践。

附　录

附录 A　产业结构升级的其他度量方式与基尼系数

产业结构升级的其他度量方式与基尼系数如图 A-1 和图 A-2 所示。

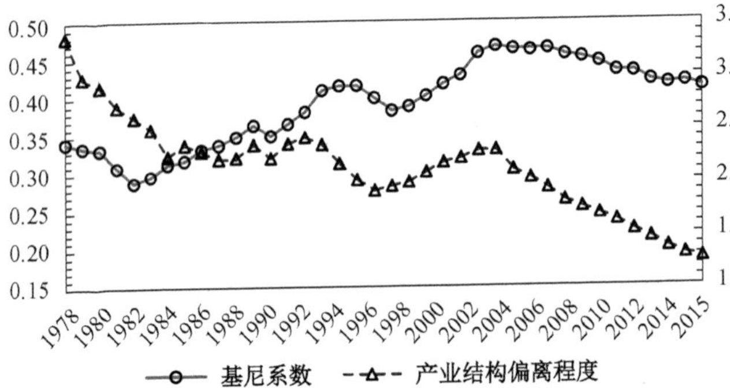

图 A-1　1978—2015 年中国产业结构合理化与基尼系数(Gini Index)

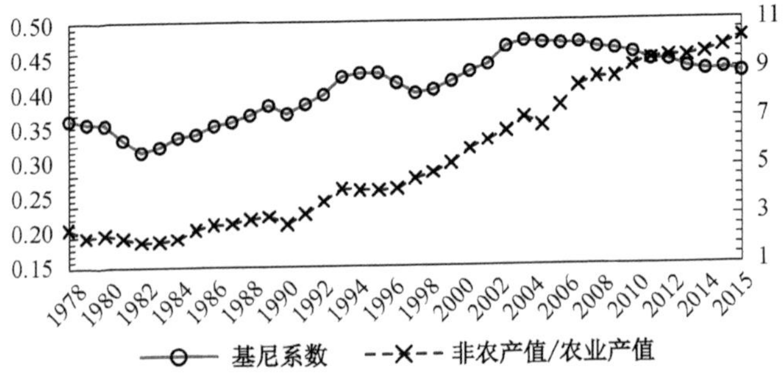

图 A-2　1978—2015 年中国产业结构高级与基尼系数(Gini Index)

附录 B　各省、市和自治区产业结构和基尼系数情况

图 B-1 至图 B-27 为全国各省、直辖市以及自治区的产业结构合理化指标、产业结构高级化指标以及基尼系数在样本期的散点图，用于直观反映近 40 年全国各地的产业结构变迁情况以及收入分配情况。由于收入分配数据的缺失，各地区的数据不包括吉林(22)、山东(37)、海南(46)和宁夏(64)，也未包含中国台湾地区、中国香港和中国澳门特别行政区。具体的内容如图 B-1 至图 B-27 所示。

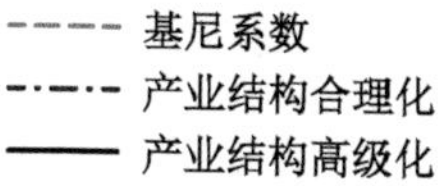

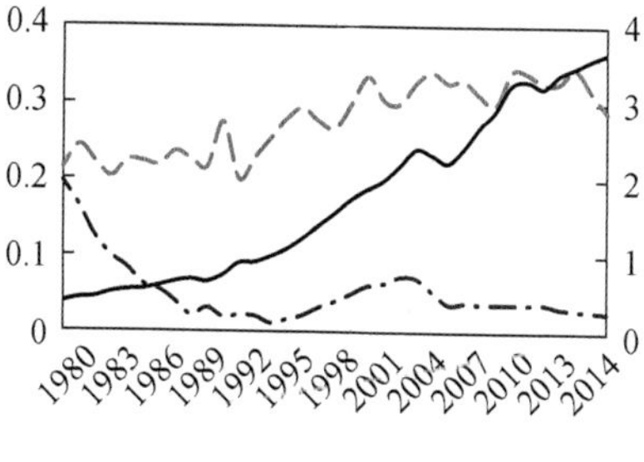

图 B-1　北京(11)1980—2014 年

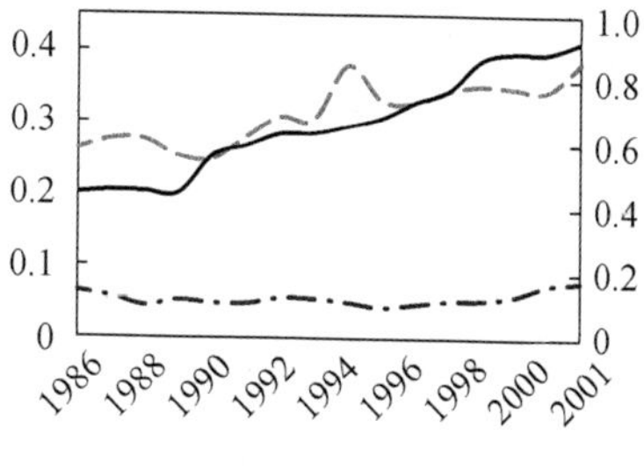

图 B-2　天津(12)1986—2001 年

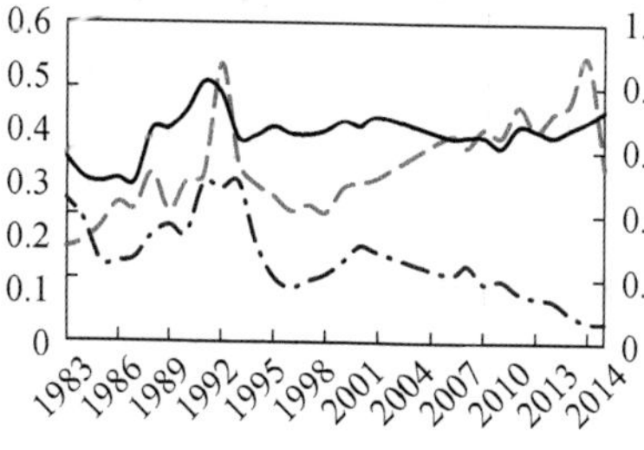

图 B-3　河北(13)1983—2014 年

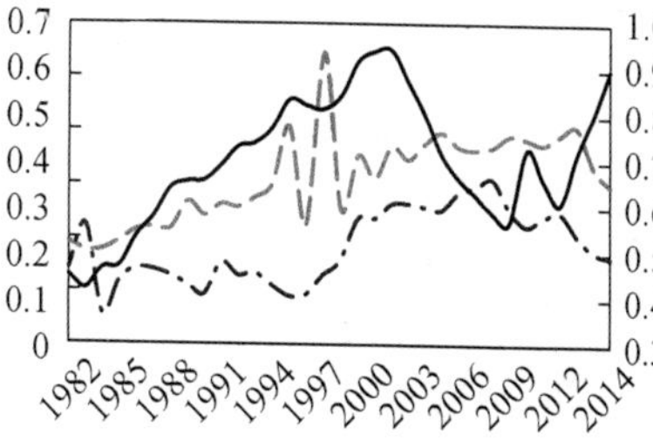

图 B-4　山西(14)1982—2014 年

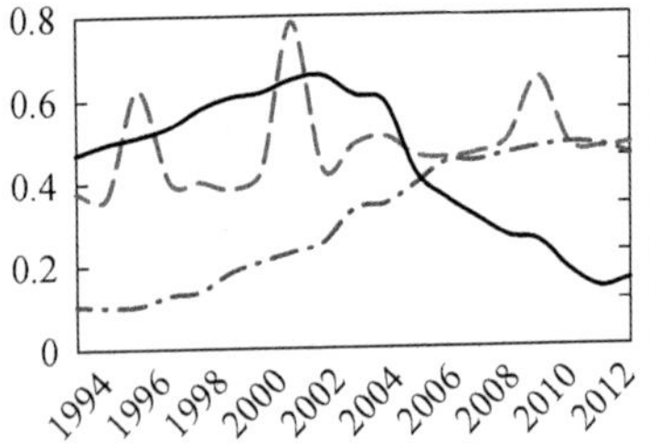

图 B-5　内蒙古(15)1994—2012 年

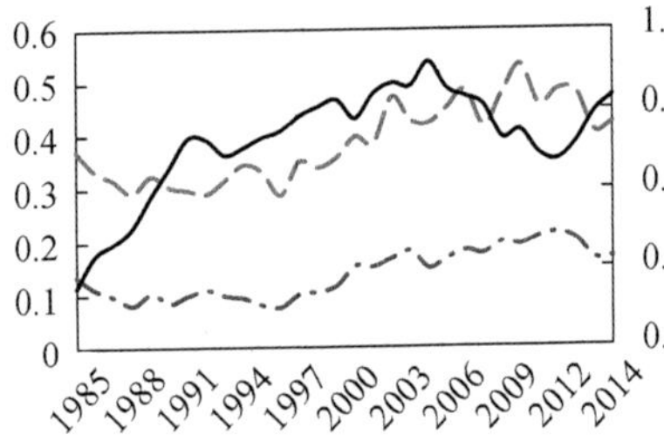

图 B-6　辽宁(21)1985—2014 年

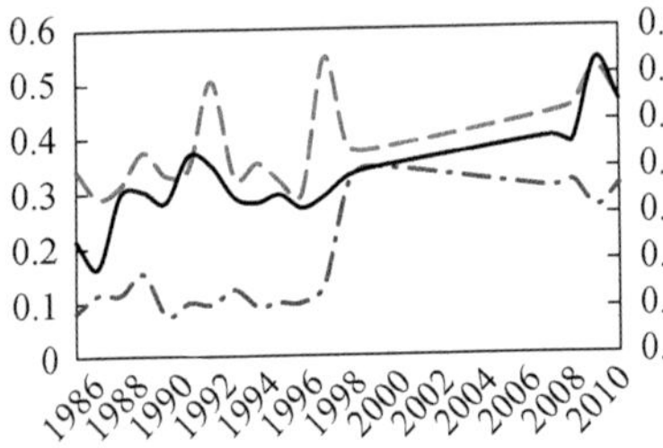

图 B-7　黑龙江(23)1986—2010 年

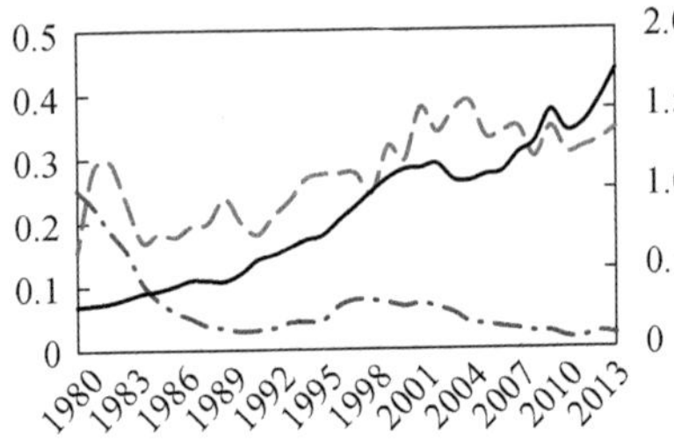

图 B-8　上海(31)1980—2013 年

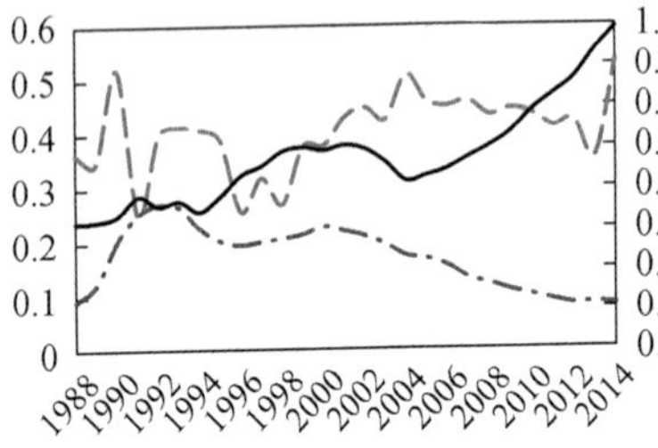

图 B-9　江苏(32)1988—2014 年

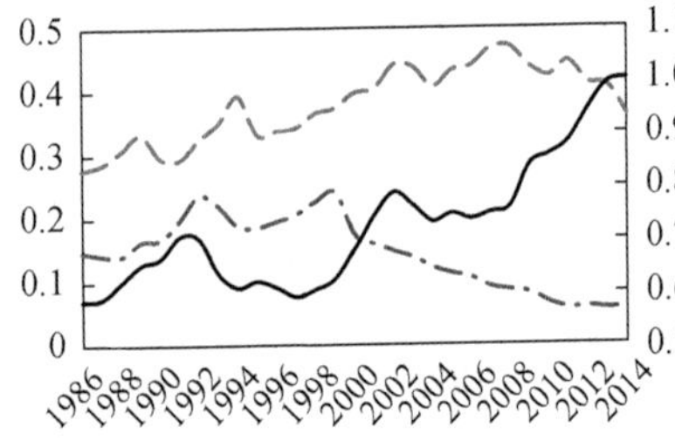

图 B-10　浙江(33)1986—2014 年

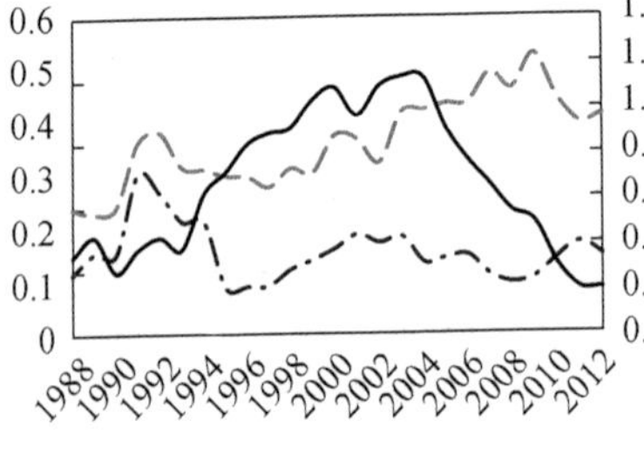

图 B-11　安徽(34)1988—2012 年

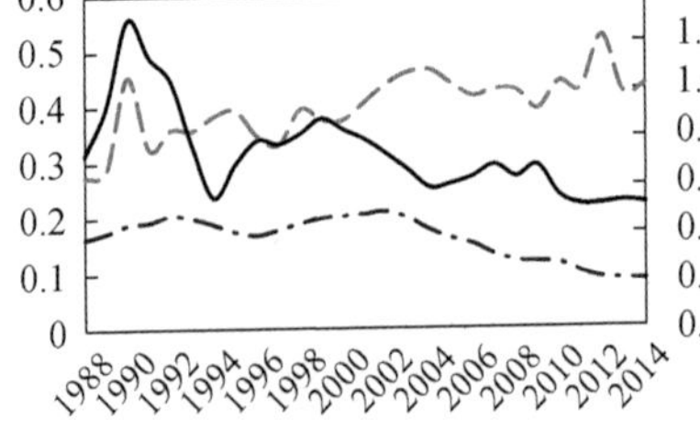

图 B-12　福建(35)1986—2014 年

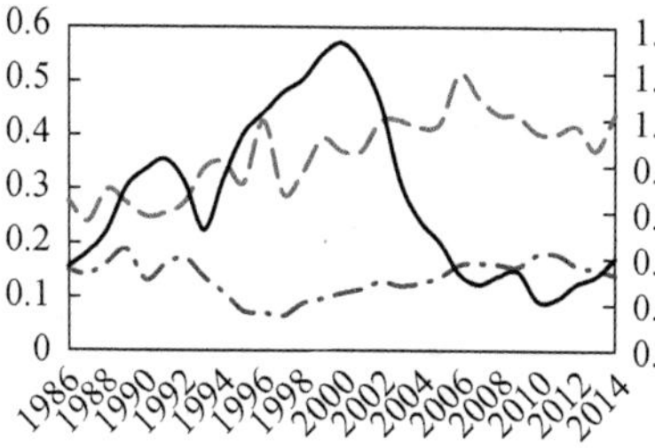

图 B-13　江西(36)1986—2014 年

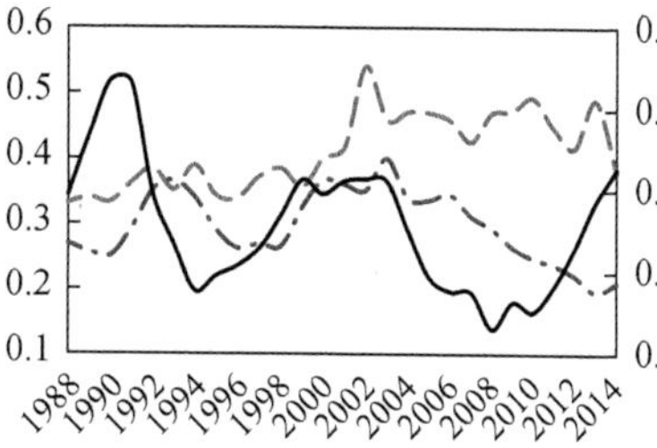

图 B-14　河南(41)1988—2014 年

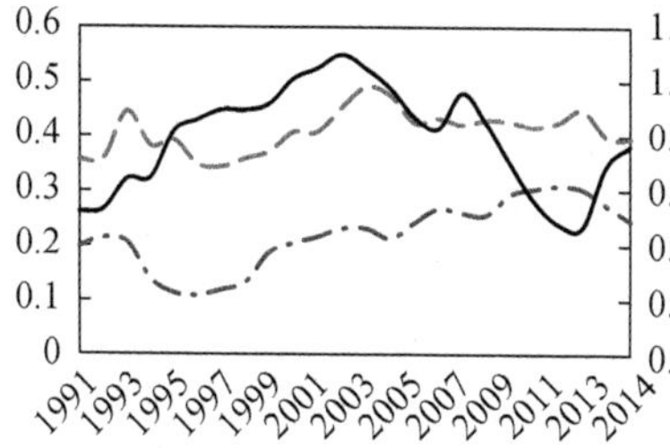

图 B-15　湖北(42)1991—2014 年

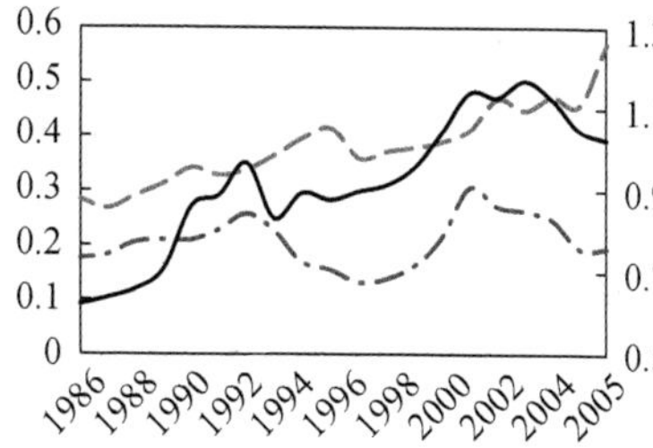

图 B-16　湖南(43)1986—2005 年

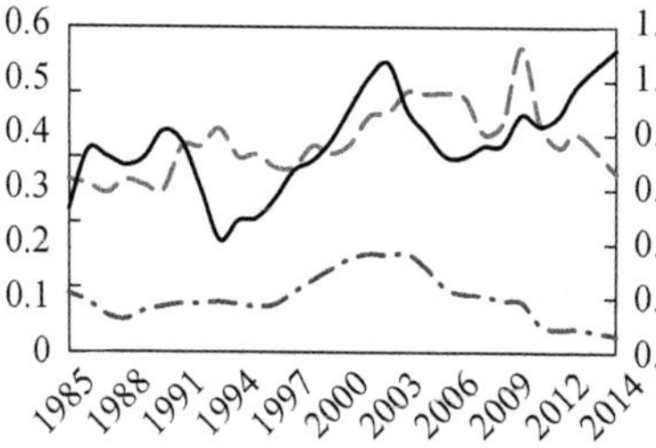

图 B-17　广东(44)1985—2014 年

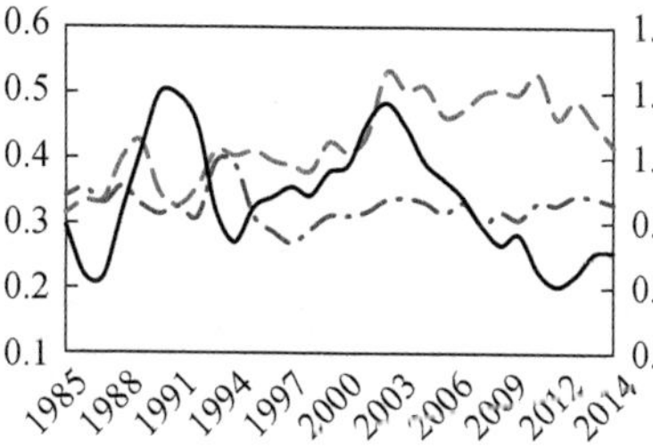

图 B-18　广西(45)1985—2014 年

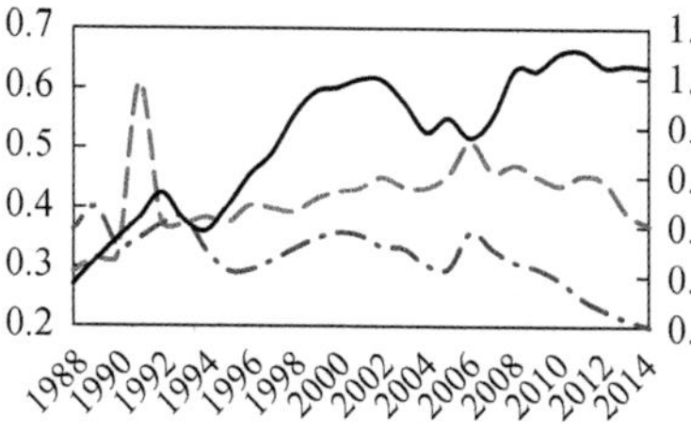

图 B-19　重庆(50)1988—2014 年

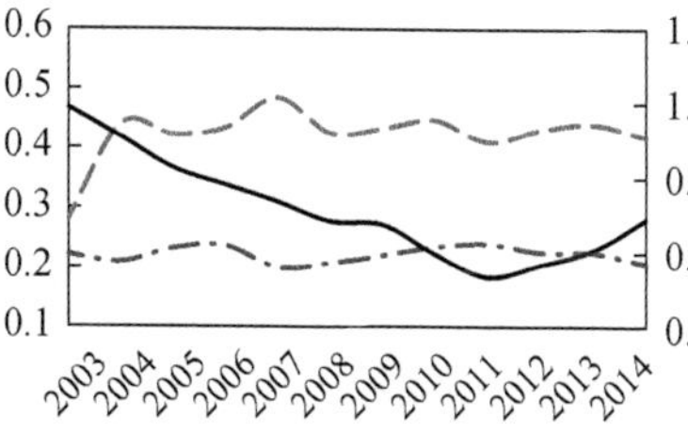

图 B-20　四川(51)2003—2014 年

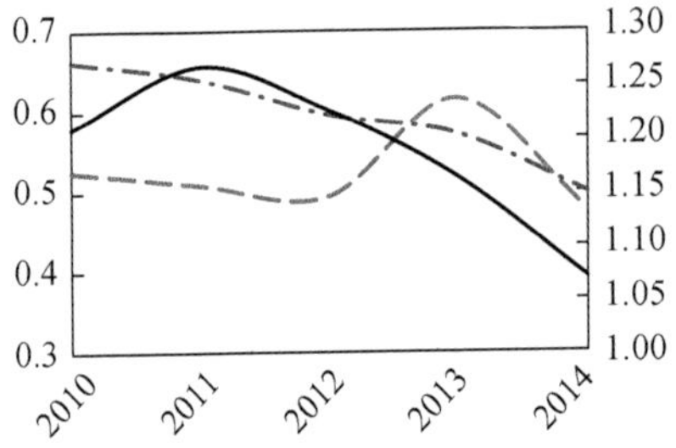

图 B-21　贵州(52)2010—2014 年

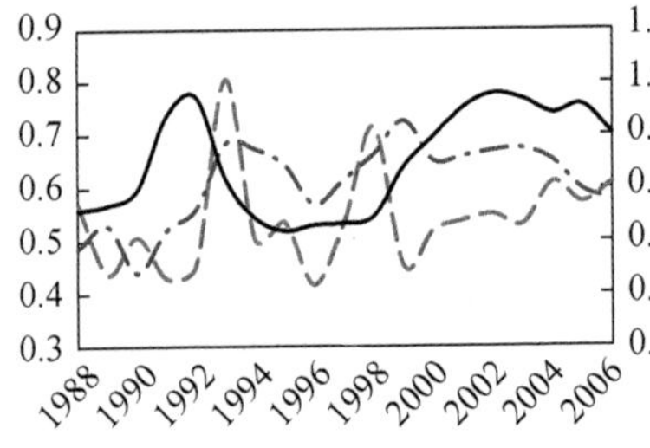

图 B-22　云南(53)1988—2006 年

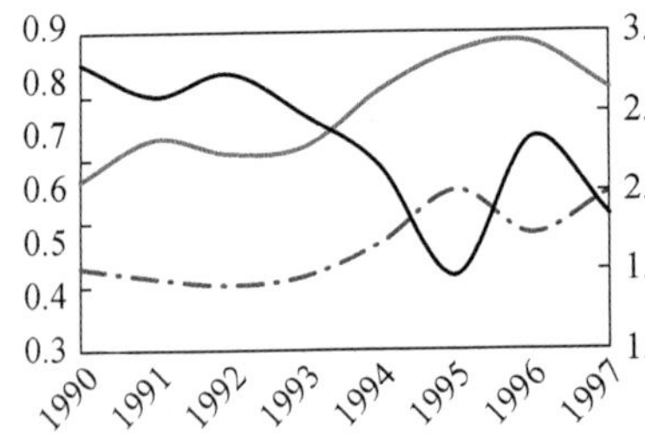

图 B-23　西藏(54)1990—1997 年

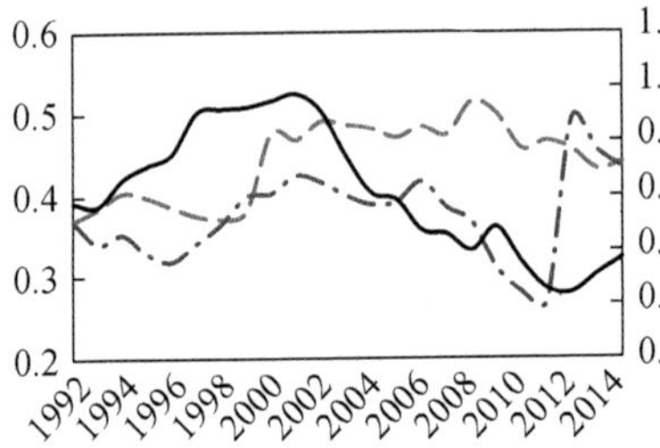

图 B-24　陕西(61)1992—2014 年

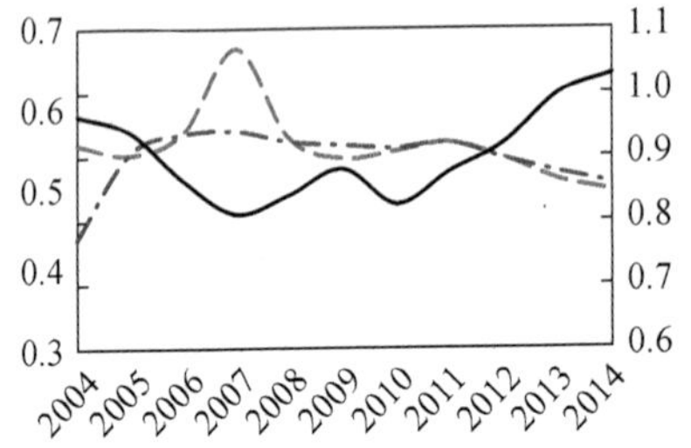

图 B-25　甘肃(62)2004—2014 年

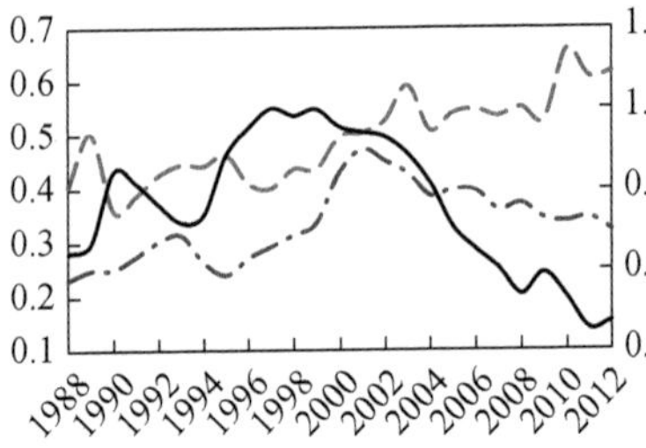

图 B-26　青海(63)1988—2012 年

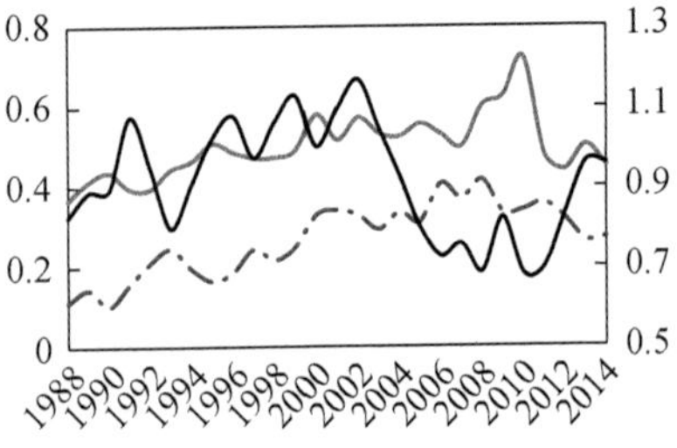

图 B-27　新疆(65)1988—2014 年

参 考 文 献

中文文献

[1] 阿马蒂亚·森[印]. 论经济不平等[M]. 王利文，于占杰，译. 北京：中国人民大学出版社，2015.

[2] 包群，叶宁华，邵敏. 出口学习、异质性匹配与企业生产率的动态变化[J]. 世界经济，2014(4)：26-48.

[3] 蔡防. 城乡收入差距与制度变革的临界点[J]. 中国社会科学，2003(5)：16-25.

[4] 陈斌开. 发展战略与收入分配[D]. 北京大学博士论文，2009.

[5] 陈强. 高级计量经济学及 Stata 应用[M]. 2 版. 北京：高等教育出版社，2014.

[6] 陈钊，万广华，陆铭. 行业间不平等：日益重要的城镇收入差距成因——基于回归方程的分解[J]. 中国社会科学，2010(3)：65-76.

[7] 程莉. 1978—2011 年中国产业结构变迁对城乡收入差距的影响研究[D]. 西南财经大学博士论文，2014.

[8] 程莉. 产业结构的合理化、高级化会否缩小城乡收入差距——基于 1985—2011 年中国省级面板数据的经验分析[J]. 现代财经(天津财经大学学报)，2014(11)：82-92.

[9] 崔友平. 缩小行业收入差距须破除行政垄断[J]. 红旗文稿，2015(12)：18-20.

[10] 戴觅，余淼杰. 企业出口前研发投入、出口及生产率进步——来自中国制造业企业的证据[J]. 经济学(季刊)，2011，11(1)：211-230.

[11] 董辅礽. 中华人民共和国经济史[M]. 北京：经济科学出版社，1999.

[12] 都阳，蔡昉，屈小博，等. 延续中国奇迹：从户籍制度改革中收获红利[J]. 经济研究，2014(8)：4-13.

[13] 欧文·雪[美]. 利息理论[M]. 陈彪如译，上海：上海人民出版社，2005.

[14] 傅振邦，陈先勇. 城市化、产业结构变动与城乡收入差距——以湖北省为例[J].

中南财经政法大学学报,2012(6):8-14.
[15] 干春晖,郑若谷.改革开放以来产业结构演进与生产率增长研究——对中国1978~2007年“结构红利假说”的检验[J].中国工业经济,2009(2):55-65.
[16] 干春晖,郑若谷,余典范.中国产业结构变迁对经济增长和波动的影响[J].经济研究,2011,(5):4-16.
[17] 高霞.产业结构变动与城乡收入差距关系的协整分析[J].数学的实践与认识,2011,41(12):120-128.
[18] 高志仁.新中国个人收入分配制度变迁研究[D].湖南师范大学博士论文,2008.
[19] “工业化与城市化协调发展研究”课题组(郭克莎主笔).工业化与城市化关系的经济学分析[J].中国社会科学,2002(2):44-55.
[20] 郝大海,李路路.区域差异改革中的国家垄断与收入不平等——基于2003年全国综合社会调查资料[J].中国社会科学,2006(2):110-124.
[21] 胡超.对外贸易与收入不平等——基于我国的经验研究[J].国际贸易问题,2008(3):22-27.
[22] 黄群慧.中国的工业化进程:阶段、特征与前景[J].经济与管理,2013(7):5-11.
[23] 黄泰岩.初次分配制度变动的发展方式解释[J].经济学动态,2009(6):55-58.
[24] 黄先海,宋学印,诸竹君.中国产业政策的最优实施空间界定——补贴效应、竞争兼容与过剩破解[J].中国工业经济,2015(4):57-69.
[25] 纪国辉.职工教育经费、企业创新与企业绩效[D].南京大学硕士论文,2016.
[26] 简泽,张涛,伏玉林.进口自由化、竞争与本土企业的全要素生产率——基于中国加入WTO的一个自然实验[J].经济研究,2014(8):120-132.
[27] 江飞涛,李晓萍.直接干预市场与限制竞争:中国产业政策的取向与根本缺陷[J].中国工业经济,2010(9):26-36.
[28] 姜凌,左萌.加入WTO对我国收入不平等的影响——基于微观面板数据的实证研究[J].国际贸易问题,2010(3):20-27.
[29] 金祥荣,刘振兴,于蔚.企业出口之动态效应研究——来自中国制造业企业的经验:2001—2007[J].经济学(季刊),2012,11(3):1097-1112.
[30] 孔东民,庞立让.研发投入对生产率提升的滞后效应:来自工业企业的微观证据[J].产业经济研究,2014(6):69-80.
[31] 李路路,朱斌,王煜.市场转型、劳动力市场分割与工作组织流动[J].中国社会科学,2016(9):126-145.

[32] 李培林,魏后凯,黄承伟,等. 中国扶贫开发报告(2017)[M]. 北京:社会科学文献出版社出版,2016.

[33] 李清如,蒋业恒,董鹂馥. 贸易自由化对行业内工资不平等的影响——来自中国制造业的证据[J]. 财贸经济,2014(2):85-95.

[34] 李实,丁赛. 中国城镇教育收益率的长期变动趋势[J]. 中国社会科学,2003(6):58-72.

[35] 李实,王亚柯. 中国东西部地区企业职工收入差距的实证分析[J]. 管理世界,2005(6):16-26.

[36] 林毅夫,刘明兴. 中国的经济增长收敛与收入分配[J]. 世界经济,2003(8):3-14.

[37] 林毅夫,刘培林. 中国的经济发展战略与地区收入差距[J]. 经济研究,2003(3):19-25.

[38] 刘海洋,孔祥贞,马靖. 补贴扭曲了中国工业企业的购买行为吗?——基于讨价还价理论的分析[J]. 管理世界,2012(10):119-129.

[39] 刘虹,肖美凤,唐清泉. R&D补贴对企业R&D支出的激励与挤出效应——基于中国上市公司数据的实证分析[J]. 经济管理,2012(4):19-28.

[40] 刘慧. 2006—2015年我国职工教育研究现状分析[J]. 职业与教育,2016(16):24-28.

[41] 刘伟,张辉. 中国经济增长中的产业结构变迁和技术进步[J]. 经济研究,2008(11):4-15.

[42] 刘玉博,吴万宗. 中国OFDI与东道国环境质量:影响机制与实证检验[J]. 财贸经济,2017(1):99-114.

[43] 刘玉博,张学良,吴万宗. 中国收缩城市存在生产率悖论吗——基于人口总量和分布的分析[J]. 经济学动态,2017(1):14-27.

[44] 路江涌. 外商直接投资对内资企业效率的影响和渠道[J]. 经济研究,2008(6):95-106.

[45] 路江涌. 企业出口与企业生产效率研究[C]. 载于金祥荣主编:民营化之路——轨迹与现象的理论解释(论文集),浙江大学出版社,2008.

[46] 陆铭,陈钊. 城市化、城市倾向的经济政策与城乡收入差距[J]. 经济研究,2004(6):50-58.

[47] 陆正飞,王雄元,张鹏. 国有企业支付了更高的职工工资吗?[J]. 经济研究,2012(3):28-39.

[48] 罗军.产业结构与收入分配关系研究综述[J].郑州大学学报(哲学社会科学版)，2008(5):72-74.

[49] 罗斯托[美].经济成长的阶段——非共产党宣言[M].北京:商务印书馆,1962.

[50] 吕玉曼,徐国庆.改革开放以来我国职业教育政策的演变——基于宏观社会经济政策的视角[J].职教论坛,2016(34):44-51.

[51] 马述忠,王笑笑.出口与异质性对中国企业工资差异的影响:基于HIR模型的理论拓展及实证分析[J].国际贸易问题,2015(11):15-26.

[52] 马双,甘犁.最低工资对企业在职培训的影响分析[J].经济学(季刊),2013,13(1):1-26.

[53] 马晓河.对低收入者和高收入者之间的收入不平等程度分析[J].管理世界,2003(9):62-67.

[54] 冒佩华,徐骥.农地制度、土地经营权流转与农民收入增长[J].管理世界,2015(5):63-74.

[55] 冒佩华,徐骥,贺小丹,等.农地经营权流转与农民劳动生产率提高:理论与实证[J].经济研究,2015(11):161-176.

[56] 毛其淋,许家云.政府补贴、异质性与企业风险承担[J].经济学(季刊),2016,15(4):1533-1562.

[57] 毛泽东.论十大关系[M].北京:人民出版社,1976.

[58] 聂辉华,江艇,杨汝岱.中国工业企业数据库的使用现状和潜在问题[J].世界经济,2012(5):142-158.

[59] 宁光杰,林子亮.信息技术应用、企业组织变革与劳动力技能需求变化[J].经济研究,2014(8):79-92.

[60] 曲兆鹏,范言慧.对外开放扩大还是缩小了中国的工资不平等?——来自中国省级面板数据的证据[J].世界经济研究,2012(3):3-9.

[61] 尚晓晔.我国城镇职工工资分配制度变迁及对城镇职工收入差距变动的影响[J].理论与改革,2015(6):73-76.

[62] 邵敏,包群.政府补贴与企业生产率——基于我国工业企业的经验分析[J].中国工业经济,2012(7):70-82.

[63] 史光姗.我国职业教育政策法规的演变[J].职业教育研究,2016(9):89-93.

[64] 谭诗羽,吴万宗,夏大慰.国产化政策与全要素生产率:来自汽车零部件制造业的证据[J].财经研究,2017(4):82-95.

[65] 汤二子，孙振. 企业研发和培训投入对产出与生产率的影响研究[J]. 科学学与科学技术管理，2012，33(11)：143-149.
[66] 汤学良，吴万宗. 员工培训、出口与企业生产率——基于中国制造业企业数据的研究[J]. 财贸研究，2015(5)：65-74.
[67] 汤学良，吴万宗，周建. 出口、研发与企业生产率演化——基于我国制造业企业数据的研究[J]. 国际商务(对外经济贸易大学学报)，2015(4)：123-133.
[68] 汤学良，吴万宗，宗大伟. 员工培训投入对企业生产率的作用评估——基于广义倾向得分匹配模型的分析[J]. 当代经济科学，2016(1)：97-107.
[69] 汤学良，周建，吴万宗. 优秀企业做 R&D 还是 R&D 让企业更优秀？——基于中国制造业企业数据的研究[J]. 财经论丛，2015(12)：3-10.
[70] 万广华. 不平等的度量与分解[J]. 经济学(季刊)，2008，8(1)：347-368.
[71] 万广华. 经济发展与收入不均等：方法和证据[M]. 上海：上海人民出版社，2006.
[72] 万广华. 城镇化与不均等：分析方法和中国案例[J]. 经济研究，2013(5)：73-86.
[73] 万广华，陆铭，陈钊. 全球化与地区间收入差距来自中国的证据[J]. 中国社会科学，2005(3)：17-26.
[74] 王少平，欧阳志刚. 我国城乡收入差距的度量及其对经济增长的效应[J]. 经济研究，2007(10)：44-55.
[75] 王天夫，崔晓雄. 行业是如何影响收入的——基于多层线性模型的分析[J]. 中国社会科学，2010(5)：165-180.
[76] 汪海波. 中国现代产业经济史[M]. 太原：山西经济出版社，2006.
[77] 汪洋. 企业规模与员工在职培训[J]. 中国人口科学，2001(2)：64-66.
[78] 魏下海，董志强，温伟华. 不可观测技能回报、结构效应与农村居民工资残差不平等[J]. 经济科学，2012(1)：62-72.
[79] 吴万宗，刘玉博，徐琳. 产业结构变迁与收入不平等：来自中国的微观证据[J]. 管理世界，2018(2)：22-33.
[80] 吴万宗，汤学良. 员工培训的动态变化与企业绩效——基于中国制造业企业数据的实证分析[J]. 中国经济问题，2016(5)：86-98.
[81] 吴万宗，汤学良. R&D、人力资本与全要素生产率[C]. 载于 2015 中国产业经济研究学术年会论文集.
[82] 吴万宗，谭诗羽，夏大慰. 产业政策对企业间工资差距的影响——来自中国工业企业的经验证据[J]. 财经研究，2018(2)：17-28.

[83] 吴万宗，徐娟. 中国工业出口强度与工资残差不平等——基于中国综合社会调查数据的分析[J]. 财贸经济，2017(5)：112-128.

[84] 吴万宗，宗大伟. 何种混合所有制结构效率更高——中国工业企业数据的实证检验与分析[J]. 现代财经(天津财经大学学报)，2016(3)：15-25.

[85] 习近平. 在庆祝“五一”国际劳动节暨表彰全国劳动模范和先进工作者大会上的讲话[N]. 人民日报，2015-04-29，第1版.

[86] 夏大慰，史东辉. 产业政策论[M]. 上海：复旦大学出版社，1995.

[87] 肖兴志，王伊攀. 战略性新兴产业政府补贴是否用在了“刀刃”上？——基于254家上市公司的数据[J]. 经济管理，2014(4)：19-31.

[88] 谢宇，张晓波，李建新，等. 中国民生发展报告2013[M]. 北京：北京大学出版社，2013.

[89] 邢春冰. 农民工与城镇职工的收入差距[J]. 管理世界，2008(5)：55-64.

[90] 邢春冰，李实. 中国城镇地区的组内工资差距：1995—2007[J]. 经济学(季刊)，2010，10(1)：311-340.

[91] 徐舒，朱南苗. 异质性要素回报、随机冲击与残差收入不平等[J]. 经济研究，2011(8)：92-105.

[92] 徐欣，唐清泉. R&D投资、知识存量与专利产出——基于专利产出类型和企业最终控制人视角的分析[J]. 经济管理，2012(7)：49-59.

[93] 亚当·斯密[英]. 国民财富的性质和原因的研究[M]. 郭大力，王亚南，译，北京：商务印书馆，1972.

[94] 杨公朴，夏大慰. 现代产业经济学[M]. 2版. 上海：上海财经大学出版社，2005.

[95] 殷凤，陈宪. 中国收入分配差距与产业结构转型[J]. 上海大学学报(社会科学版)，201330(4)：70-83.

[96] 尹恒，龚六堂，邹恒甫. 收入分配不平等与经济增长：回到库兹涅茨假说[J]. 经济研究，2005(4)：17-22.

[97] 余淼杰. 中国的贸易自由化与制造业企业生产率[J]. 经济研究，2010(12)：97-110。

[98] 余淼杰. 加工贸易、企业生产率和关税减免——来自中国产品层面的证据[J]. 经济学(季刊)，2011，10(4)：1251-1280.

[99] 岳昌君. 教育对个人收入差异的影响[J]. 经济学(季刊)，2004，3(S1)：135-150.

[100] 岳希明，蔡萌. 垄断行业高收入不合理程度研究[J]. 中国工业经济，2015(5)：5-17.

[101] 岳希明，李实，史泰丽. 垄断行业高收入问题探讨[J]. 中国社会科学，2010(3)：77-93.

[102] 张车伟，薛欣欣. 国有部门与非国有部门工资差异及人力资本贡献[J]. 经济研究，2008(4)：15-25.

[103] 张杰，翟福昕，周晓艳. 政府补贴、市场竞争与出口产品质量[J]. 数量经济技术经济研究，2015(4)：71-87.

[104] 张立群. 中国产业结构矛盾再认识[J]. 经济研究，1992(4)：38-43.

[105] 张萌旭，陈建东，蒲明. 城镇居民收入分布函数的研究[J]. 数量经济技术经济研究，2013(4)：57-71.

[106] 张茵，万广华. 全球化加剧了城市贫困吗？[J]. 经济学(季刊)，2007，6(1)：105-126.

[107] 赵莹. 中国的对外开放和收入差距[J]. 世界经济文汇，2003(4)：55-70.

[108] 周亚虹，贺小丹，沈瑶. 中国工业企业自主创新的影响因素和产出绩效研究[J]. 经济研究，2012(5)：107-119.

[109] 周亚虹，许玲丽，夏正青. 从农村职业教育看人力资本对农村家庭的贡献——基于苏北农村家庭微观数据的实证分析[J]. 经济研究，2010(8)：55-65.

[110] 周立群，王向. 城乡融合、服务业增长与城乡居民收入差距——基于新兴古典经济学的经验研究[J]，财经研究，2013(10)：119-132.

英文文献

[1] Acemoglu D. Technical Change, Inequality, and the Labor Market[J]. Journal of Economic Literature, 2002, 40(1):7-72.

[2] Acemoglu D. Training and Innovation in An Imperfect Labor Market[J]. Review of Economic Studies, 1997, 64(3): 445-464.

[3] Acemoglu D, Pischke J S. Minimum Wages and On-the-Job Training[J]. Research in Labor Economics, 2003, 22(3): 159-202.

[4] Adelman I, Morris C T. Economic Growth and Social Equity in Developing Countries, California: Stanford University Press, 1973.

[5] Aghion P, Cai J, Dewatripont M, Du L S, Harrison A, Legros P. Industrial Policy and Competition[J]. American Economic Journal: Macroeconomics, 2015, 7(4):1-32.

[6] Almeida R, Carneiro P. The Return to Firm Investments in Human Capital[J]. Labour Economics, 2009, 16(1): 97-106.

[7] Andries G, Sauermann J. The Effects of Training on Own and Co-worker Productivity: Evidence from a Field Experiment[J]. Economic Journal, 2012, 122(May): 376-399.

[8] Atkinson A B. On the Measurement of Inequality[J]. Journal of Economic Inequality, 1970, 2(3): 244-263.

[9] Atkinson A B, Brandolini A. Promise and Pitfalls in the Use of 'Secondary' Data-Sets: Income Inequality in OECD Countries as a Case Study[J]. Journal of Economic Literature, 2001, 39(3): 771-779.

[10] Autor D H, Katz L F, Kearney M. Trends in U. S. Wage Inequality: Revising the Revisionists[J]. Review of Economics and Statistics, 2008, 90(2): 300-323.

[11] Autor D H, Katz L F, Krueger A B. Computing Inequality: Have Computers Changed the Labor Market? [J]. Quarterly Journal of Economics, 1988, 113(4): 1169-1213.

[12] Aw B Y, Roberts M J, Winston T. Export Market Participation, Investments in R&D and Worker Training, and the Evolution of Firm Productivity[J]. The World Economy, 2007, 30(1): 83-104.

[13] Barrett A, O'Connell P J. Does Training Generally Work? The Returns to In-Company Training[J]. Industrial and Labor Relations Review, 2001, 54(3): 647- 662.

[14] Becker G S. Investment in Human Capital: A Theoretical Analysis[J]. Journal of Political Economy, 1962, 70(5): 9-49.

[15] Bernard A B, Jensen J B. Exceptional exporter performance: cause, effect, or both? [J]. Journal of International Economics, 1999, 47(1): 1-25.

[16] Bernard A B, Jensen J B. Exporters, Skill-Upgrading, and the Wage Gap[J]. Journal of International Economics, 1997, 42(1-2): 3-31.

[17] Bernard A B, Jensen J B. Exporters, Jobs, and Wages in U. S. Manufacturing, 1976—1987 [R]. In Economic Activity, Microeconomics, Washington D. C. , 1995.

[18] Birdsall N. Globalization and the Developing Countries: The Inequality Risk[C].

Remark at Overseas Development Council Conference, International Trade Center, Washington D. C. , 1999.

[19] Blanchard O, Giavazzi F. Macroeconomics Effects of Regulation and Deregulation in Goods and Labor Markets[J]. Quarterly Journal of Economics, 2003, 118(3): 879-907.

[20] Brandt L, V. Biesebroeck J, Zhang Y F. Creative Accounting or Creative Destruction? Firm-Level Productivity Growth in Chinese Manufacturing[J]. Journal of Development Economics, 2012, 97(2): 339-351.

[21] Brown C. Empirical Evidence on Private Training[J]. Research in Labor Economics, 1999, (11): 97-113.

[22] Cai H B, Liu Q. Competition and Corporate Tax Avoidance: Evidence from Chinese Industrial Firms[J]. Economic Journal, 2009, 119(April): 764-795.

[23] Card D, DiNardo J E. Skill Biased Technological Change and Rising Wage Inequality: Some Problems and Puzzle[R]. NBER Working Paper, No. 8769, 2002.

[24] Chenery H B, Syrquin M, Elkington H. Patterns of development, 1950—1970, Oxford: Oxford University Press, 1975.

[25] Chevan A, Stokes R. Growth in Family Income Inequality, 1970—1990: Industrial Restructuring and Demographic Change[J]. Demography, 2000, 37(3): 365-380.

[26] Colombo E, Stanca L. The Impact of Training on Productivity: Evidence from a Large Panel of Firms[R]. Working Papers from University of Milano-Bicocca, No. 134, 2008.

[27] Dan B D. Equalizing Exchange: Trade Liberalization and Income Convergence[J]. Quarterly Journal of Economics, 1993, 108(3): 653-679.

[28] Dearden L, Reed H, Van Reenen J. The Impact of Training on Productivity and Wages: Evidence from British Panel Data[J]. Oxford Bulletin of Economics and Statistics, 2005, 68(4): 397-421.

[29] DiNardo J, Fortin N, Lemieux T. Labor Market Institutions and the Distribution of Wages 1973—1992: A Semiparametric Approach[J]. Econometrica, 1996, 64(5): 1001-1044.

[30] Gini C. Measurement of Inequality of Income[J]. Journal of Economic Theory & Econometrics, 1921, 31(121): 124-126.

[31] Goldberg P, Pavcnik N. Distribution Effects of Globalization in Developing Countries[J]. Journal of Economic Literature, 2007, 45(1): 39-82.

[32] Grip A D, Sauermann J. The Effects of Training on Own and Co-worker Productivity: Evidence from a Field Experiment[J]. Economic Journal, 2012; 122(560): 376-399.

[33] Grossberg A J, Sicilian P. Minimum Wages, On-the-Job Training, and Wage Growth[J]. Southern Economic Journal, 1999, 65(3): 539-556.

[34] Görg H E, Strobl E, Walsh F. Why Do Foreign-Owned Firms Pay More? The Role of On-the-Job Training [J]. Review of World Economics, 2007, (143): 464-482.

[35] Han J, Liu R J, Zhang J S. Globalization and Wage Inequality: Evidence from Urban China[J]. Journal of International Economics, 87(2): 288-297.

[36] Harris R, Robinson C. Industrial Policy in Great Britain and Its Effect on Total Factor Productivity in Manufacturing Plants, 1990—1998[J]. Scottish Journal of Political Economy, 2004, 51(4): 528-543.

[37] Hashimoto M. Minimum Wage Effects on Training on the Job[J]. American Economic Review, 1982, 72(5): 1070-1087.

[38] Helpman E, Itskhoki O. Labor Markets Rigidities, Trade and Unemployment [R]. Mimeo, 2008.

[39] Helpman E, I tskhoki O, Redding S. Inequality and Unemployment in A Global Economy[J]. Econometrica, 2010, 78(4): 1239-1283.

[40] Helpman E, Itskhoki O, Muendler M A, Redding S. Trade and Inequality: from Theory to Estimation[R]. NBER Working Paper, No. 17991, 2012.

[41] Hirano K, Imbens G W. The Propensity Score with Continuous Treatment[J]. in Gelman, A. , Meng, X. -L. (eds), Applies Bayesian Modeling and Causal Inference from Incomplete-Data Perspectives, England: Wiley Inter Science: 73-84, 2004.

[42] Holtman A, Idson T. Employer Size and On-the-Job Training Decision[J]. Southern Economic Journal, 1991, 58(2): 339-355.

[43] Hurrell A, Woods N. Globalization and Inequality[J]. in Higgott, R. (ed.), The New Political Economy of Globalization, Cheltenham: Edward Elgar Press, 2000.

[44] Imbens G W. The Role of the Propensity Score in Estimation Dose-Response Functions[J]. Biometika, 2000, 7(3): 706-710.

[45] Juhn C, Murphy K, Pierce B. Wage Inequality and the Rise in Returns to Skill [J]. Journal of Political Economy, 1993, 101(3): 410-442.

[46] Katz L F, Autor D. Changes in the Wage Structure and Earnings Inequality[J]. in Ashenfelter, O., Card, D. (eds), Handbook of Labor Economics, Vol(3A), Amsterdam: Elsevier Science Press, 1999.

[47] Kiyota K, Okazaki T. Industrial Policy Cuts Two Ways: Evidence from Cotton-Spinning Firms in Japan, 1956—1964[J]. Journal of Law and Economics, 2010, 53(3): 587-609.

[48] Kuznets S S. Economic Growth and Income Inequality[J]. American Economic Review, 1955, 45(1): 1-28.

[49] Lemieux T. Increasing Residual Wage Inequality: Composition Effects, Noisy Data, or Rising Demand for Skill[J]. American Economic Review, 2006, 96(3): 461-498.

[50] Levinsohn J, Petrin A. Estimating Production Functions Using Inputs to Control for Unobservables[J]. Review of Economic Studies, 2003, 70(2): 317-341.

[51] Linder P H, Williamson J G. Does Globalization Make the World More Unequal [R]. NBER Working Paper, No. 8228, 2001.

[52] Liu D. International trade and wage inequality: A non-monotonic relationship [J]. Economics Letter, 2013, 121(2): 244-246.

[53] Mazur J. Labor's New Internationalism [J]. Foreign Affairs, 2000, 79 (1):79-93.

[54] Melitz M. The Impact of Trade on Intra-Industry Reallocations and Aggregate Industry Productivity[J]. Econometrica, 2003, 71(6): 1695-1725.

[55] Meng X, Shen K L, Xue S. Economic Reform, Education Expansion, and Earnings Inequality for Urban Males in China, 1988—2007[R]. IZA Discussion Paper, No. 4919, 2010.

[56] Mincer J. Schooling, Experience and Earnings [M]. New York: Columbia

University Press, 1974.

[57] Nelson R, Phelps E. Investment in Humans, Technological Diffusion, and Economic Growth[J]. American Economic Review, 1966, 56(2): 69-75.

[58] Neumark D, Wascher W, Minimum Wage and Training Revisited[R]. NBER Working Paper, No. 6651, 1998.

[59] Olley G S, Pakes A. The Dynamic of Productivity in the Telecommunications Equipment Industry[J]. Eonometrica,1996,64(6):1263-1297.

[60] Papke L E, Wooldridge J M. Econometric Methods for Fractional Response Variables with an Application to 401(K) Plan Participation Rate[J]. Journal of Applied Econometrics, 1996, 11(6): 619-632.

[61] Peneder M. Structural Change and Aggregate Growth[R]. WIFO Working Paper,Austrian Institute of Economic Research, Vienna,2002.

[62] Perry G, O' Larreaga M. Trage Liberalization, Inequality and Poverty Reduction in Latin America[J]. Beyond Trasition (English Edition):the Newsletter about Reforming Economies, 2005, 16(4): 1936-1952.

[63] Rosenbaum P R, Rubin D B. The Central Role of the Propensity Score in Observational Studies for Causal Effects[J]. Biometrika, 1983, 70(1): 41-45.

[64] Sala-i-Martin X. The Disturbing 'Rise' of Global Income Inequality[R]. NBER Working Paper, No. 8904, 2002a.

[65] Sala-i-Martin X. The World Distribution of Income[R]. NBER Working Paper, No. 8933, 2002b.

[66] Shorrocks A,Wan G. Ungrouping Income Distributions:Synthesising Samples for Inequality and Poverty Analysis[J]. in Kaushik B. and K. Ravi, eds:Arguments for a Better World: Essay in Honor of Amartya Sen, Vol. Ⅱ, Oxford:Oxford University Press, 2009.

[67] Stark O, Micevska M, Mycielski J. Relative Poverty as a Determinant of Migration: Evidence from Poland [J]. Economics Letters, 2009, 103 (3):119-122.

[68] Steckel R H, Moehling C M. Rising Inequality: Trends in The Distribution of Wealth in Industrializing New England[J]. The Journal of Economic History, 2001, 61(1):160-183.

[69] Stiglitz J E. More Instruments and Broader Goals: Moving toward the Post-Washington Consensus[R]. WIDER Annual Lecture 2, 1998.

[70] Stole L A, Zwiebel J. Organizational Design and Technology Choice under Intrafirm Bargaining[J]. American Economic Review, 1996a, 86(1): 195-222.

[71] Stole L A, Zwiebel J. Intra-Firm Bargaining Under Non-Binding Contracts[J]. Review of Economic Studies, 1996b, 63(3): 375-410.

[72] Theil H. Economics and Information Theory[M]. Rand McNally and North Holland Publishing Company, 1967.

[73] Wan G H, Lu M, Chen Z. Globalization and regional income inequality[R]. WIDER Discussion Paper, 2004.

[74] Wei S J, Wu Y. Globalization and Inequality: Evidence from Within China[R]. NBER Working Paper, No. 8611, 2001.

[75] Yasar M, Raciborski R. Production Function Estimation in Stata Using the Olley and Papkes Method[J]. The Stata Journal, 2008, 8(2): 221-231.

[76] Yeaple S R. A Simple Model of Firm Heterogeneity, International Trade, and Wages[J]. Journal of International Economics, 2005, 65(1): 1-20.

后　记

如果你现在问我读书有趣吗？不无聊吗？我想我的回答是有趣，不无聊。每每熬夜去解决一个定理的推导，在山穷水尽之时突然被脑海中的灵光所触动，顺利得出结果的时候，在尝试了N种方法，终于得到满意的回归结果的时候，这种从未知到了然的过程对于我来说十分有趣；每每投稿被各种稀奇古怪的理由拒稿，然后鼓起勇气继续投稿，无所谓发表在什么等级的期刊上，终于拿到样刊的时候，这种努力了就好的过程对于我来说亦是非常充实。从博士毕业论文完稿到如今进入高校就职，这一切仿佛就在昨天。本书是在我博士论文基础上修改而成，看着这里的每一个字都倍感亲切，更难忘那一个个夜深人静的时候。如今书稿即将付梓，我也可以沉下心来去感受这些日子，以及这些日子里的那些人和事。

我要感谢我的导师夏大慰教授。我算"半路"拜入师门，可先生一点也没有将我区别对待，相反却对我格外照顾。还记得去国家会计学院和老师第一次谈论文章的时候，夏老师第一句话就是"文章自己写啊！"，现在看来除了激励我高质量地完成论文，这多半是句玩笑话，让我当时少了许多紧张感，也能更从容地把论文的构思讲出来。老师当然没有"兑现"让我"文章自己写"这句话，论文写作的每一个步骤都离不开老师的指导，从论文的选题、开题，再到中间章节的写作，到最后论文的成型，每一个环节，老师都能及时揪出论文所出现的问题，细致到数据可能出现的错误也都替我指出。可见老师治学讲究论证科学、"有理有据"，而不求形式上的结果，让我在写作过程中少走了很多弯路。

老师治学严谨，而且十分平易近人。记得有一次我们师兄弟妹一众去老师家，老师那时手臂有恙，尽管如此，还为我们一一递上拖鞋。当我们在老师家的餐桌边上围坐好，老师又亲手给我们洗好一个个茶杯，为我们泡上茶。然后天南海北地聊天，聊学术聊生活聊上海的房价。以致后来每次去老师家，我都很期待与老师交谈、听他教诲，被老师那种云淡风轻的大家风范所折服，而论文中很多的想法都来自师门的聊天，来自老师的思维智慧。我想“师者，所以传道授业解惑也”，大概就是这样吧！想说的话太多，唯有今后好好工作，经营好自己的小家庭，多为国家做力所能及的贡献来报答夏老师的知遇之恩。祝老师身体健康，喜乐平安！

我要感谢上海财经大学给予我的一切，算上复习考博的那两年，我在财大已经六年有余了，我们一同成长，但更多的时候是您对我的照顾。为我提供了舒适的求学环境，一流的师资，也让我在这里找到了爱情。2017 年是您 100 周岁的生日，作为建校 100 周年的毕业生，我感到十分光荣，祝母校今后赶超“一流”，续写荣光。为社会主义建设多多培养人才！

我要感谢在我求学过程中的授业老师，由于人数众多就不一一列出，你们的名字永远在我心里。感谢参与论文开题、预答辩、答辩的专家，他们是上海市人民政府参事孙海鸣教授、上海财经大学校长蒋传海教授、上海海关学院副院长干春晖教授、上海市社会科学院应用经济研究所石良平教授、李伟教授，感谢你们对文章写作给予的建设性意见与鼓励；感谢复旦大学世界经济研究所所长万广华教授以及上海财经大学财经研究所汪晨博士提供的方法与程序，使得文章能够顺利完成；感谢论文写作过程中给予技术帮助但从未见面的北京师范大学邢春冰教授、华南师范大学魏下海教授；感谢上海财经大学财经研究所副所长张学良教授，能够得到您的指导并将合作论文发表出来，十分开心；感谢上海财经大学中国产业发展研究院副院长余典范副教授在各方面的帮助；感谢上海财经大学国际工商管理学院院长助理居恒副教授，感谢你这三年来聘用我做助教，为我求学解决了部分资金，这份情谊我会一直珍藏；感谢把我引入学术之路的两位导师，上海大学薛军民博士以及香港岭南大学黄智亮教授，没有你们的谆谆善诱，为我打下基础，后来的路将会更加艰难。感谢我的论文指导组另外两位导师——复旦大学管理学院罗云辉副教授和上海财经大学国际工商管理学院李眺副教授——对文章给予的意见与鼓励。此外，国际工商管理学院行政老师的敬业精神，非常让人感动和尊敬，吴琼老师、张丽莉老师、谢琳老师、刘益如老师一直细致地为博士生提供学习、科研乃至生活上的帮助！

我要感谢我亦师亦友兼最忠诚的论文合作者——扬州大学商学院汤学良讲师。掐指一算，我们同学12年了，人生有几个12年啊，何况最是那青春年少，一起做过那么多事都成为了你我最珍贵的记忆，感谢你一直对我的照顾，如今你也成家立业，在扬州过上了“老婆汤圆热炕头”的小日子，哥很是羡慕，好兄弟一切尽在不言中；感谢上海财经大学国际工商管理学院2013级博士研究生的同学们，难忘与你们一同上课、讨论题目、应付“三高”的日子，感谢同学应珊珊博士、徐琳博士、魏婧恬博士、罗明津博士、苏理梅博士、罗勇博士、彭冬冬博士、顾永坤博士、高禄博士、葛鹏博士；特别感谢我发表第一篇权威论文的合作者刘玉博博士；感谢我的同门师兄范林凯博士、师姐刘芳博士在我遇到困难时对我的帮助；感谢各位师妹为师门增添的靓丽风景以及不让须眉的学术追求，她们是上海财经大学国际工商管理学院苏婷博士、复旦大学管理学院谭诗羽博士、复旦大学管理学院李笑影博士；感谢室友上海财经大学会计学院王迪博士；感谢我所认识的财大其他学院的博士前辈，他们是经济学院的高静博士、陈娟博士、邓芳芳博士、纪园园博士、丁海燕博士、宗素娟博士、尹徐念博士、缪德刚博士、唐旭茂博士、张昊博士、王磊博士、汪恒博士、唐汝博士、宗大伟博士；感谢我的朋友中南财经政法大学曾益讲师、华东师范大学李明辉讲师、校友郭辉；这些志同道合的好友，为我提供了一个个有趣的想法，你们有的已经在各自岗位上开始工作，有的还在校园里继续求学，祝你们一切都好！

我还要感谢互联网另一端我所投过稿子的期刊，感谢编辑们辛勤的审稿工作，感谢匿名审稿专家建设性的意见，通过与编辑和审稿人的交流，我成长了、学会打磨自己，是你们成就了现在的我。此外，感谢立信会计出版社的编辑在书稿加工过程中的诸多帮助，感谢上海立信会计金融学院对本书出版的资助，能够以“序伦财经书库”的形式献礼学校 90 周年校庆深感荣幸！感谢我生命中的每一个人，感恩的话说不完，感激的情还不尽，感谢有你们！

最后，我想把我求学 23 载的成果献给我最亲爱的家人，感谢你们的鼓励，无论我处于顺境还是逆境。没有你们的支持、理解和宽容，就没有我今天所取得的一点成绩。感谢我的爷爷奶奶，是你们把我从小带大，特别是爷爷，作为新中国第一批产业工人，身上的开拓奉献精神值得敬佩，更难能可贵的是，没有上过学的你却靠一本字典自学识字，为我从小树立了学习的榜样，陪你走过生命最后阶段，仍然能感受到您对我的无限关爱，愿您仙游四海；感谢我的爸爸妈妈，你们是世界上最疼爱我的人，给了我最无私的关爱；感谢叔叔婶婶、姑父姑妈在生活上给予我的帮助，以及我们这一个大家庭的所有年轻一辈。感谢我的女友徐娟，在我最需要你的时候来到了我身边，在我毕业阶段忙于各种事情而疏忽你的时候，感激你的理解与鼓励，感激你帮助我校稿，希望我们的爱情能到天涯海角。当然，还要感谢我两个可爱的侄女侄子，你们的到来，恰到好处，为我繁重的学业之余增添了无限的欢乐！

吴万宗

2018 年 3 月 17 日

凌晨于上海·国定路